大展好書　好書大展
品嘗好書，冠群可期

武術
武道　技術 13

李小龍功夫
哲學與藝術

張安邦　張可一　著

大展出版社有限公司

序

張安邦肯定是我最喜歡的武術大師之一，也是我的江湖知音、武林至交。

我特別喜歡這個人，原因有很多，我先只羅列出兩點：

其一，我認識的武術高人有很多，張先生是其中之一。他為人很好，人品高尚，而且有傳統武術文化精神修養的美德，也是精研現代武學修煉的高手，同時更是一個沉潛、謙厚、耿直、正義、低調的人。他不愛炫耀，只是默默地練功、做事、教武、傳承，而且海納百川，能容能棄。事實證明有很多號稱「大師」的武術家，卻偏偏不能相容同道戰友和各流各派。

其二，他是個真正尊崇、景仰李小龍大師的人，同時也是最接近小龍先生的武功精髓和理想的修煉者。我一直都是李小龍先生的鐵粉，當年李大師逝世之日，我在馬來西亞霹靂州怡保（參加武術比賽）光亞旅舍突聞此噩耗，我馬上離店，哭奔返回美羅山城，召集所有剛擊道成員，聚集於百須園「聽雨樓」同悼共祭。小龍先生逝世之後，我在臺灣《中國時

報》寫過長篇悼念李大師和分析截拳道武術的論文，後聽聞主編高上秦先生轉達我知曉，文章還得到了李夫人琳達的認可。張先生的武功及內涵，給我的感覺就是「上善若水」，「水流無形」。雖然他的武藝博大精深，而且早已桃李天下，培養的高手在國內外開館者不可勝數，但他的為人還像是一個空杯，能容能納，能收能放。「始於有作人難見，及至無為眾始知，但見無為為要妙，豈知有作是根基」，這是北宋張伯端的導引功法基礎，同時也是李小龍先生妙化萬端、不離其宗的法則，很多人學得了、打得好，但不一定懂，但安邦懂，而且通。

　　我也希望並且願意有一天能為他的功夫和理想做點事情，使其發揚光大。

　　緣法來時清風送，我們名字都有安字，心安則自萬法生，俠道相逢在神州。

溫里安

目　錄

第一章
振藩禮

這裏我們將截拳道訓練中採用的禮節統歸為「振藩禮」範疇。

　　有一次，我去南京大學談截拳道開課的事情，一位學校負責人告訴我，他們學校已開了空手道的課。他直言道：「空手道更多的是禮儀，你們截拳道更多的是實戰。」當時我笑話他不懂截拳道，事後細細品味，不是他不懂，是我在推廣中沒有對禮儀做一定的要求和規範。

　　李小龍師祖當年正式練功前是必須要行振藩禮的，有「不行禮，不上課」之說。包括師祖逝世後，伊魯山度大師繼續帶領「龍弟子」李愷、巴斯蒂羅等上課時也謹守禮儀。他們統一會向李小龍師祖遺像行禮，再於師生間彼此面對面行禮。

　　2009 年 5 月，巴斯蒂羅師父來我的武館教學。當時因為是內地第一次由李小龍親傳弟子講學，全國各地的館長聞風而至。當時大家都帶了很多自己多年研修的疑問前來，大家七嘴八舌地開始請教時，巴斯蒂羅師父不卑不亢地插話道：「我們的教學應該先敬禮再開始。」

　　一堂正式訓練課中出現的禮節，我會帶著大家在我的課堂走一遍。進入館內，遇到師兄、師傅或前輩應主動行「抱拳禮」，以示尊重。

　　師生集合，首先集體向李小龍師祖像行振藩禮。接著，師生面對面行振藩禮。訓練中間，有配對練習時大家面對面敬禮。

　　這麼多繁瑣的禮節其區別在於有些是完整的振藩禮，有些則是簡單直接的抱拳禮。

師傅或師兄講解示範需要弟子或師弟配合時，弟子上場先向師傅行「鞠躬抱拳禮」，師傅以「直身抱拳禮」回禮後開始，這個動作的理解是我觀看李小龍師祖的《龍爭虎鬥》片頭時察覺到的，他演示了這些來自中國功夫的禮節。我們先詳細講解下這個禮節。

圖 1-1

　　圖 1-1 至圖 1-5 中師徒面對面站立，弟子上前，向師傅鞠躬、抱拳、行禮，師傅直身

圖 1-2　　　　　　　　圖 1-3

圖 1-4　　　　　　　　圖 1-5

回禮。研修者可以從圖示中看出「立正、抱拳、鞠躬、直身、禮畢」一系列的分解動作，配合訓練分解口令很容易掌握。

在訓練中，弟子有事需出列請示，均需以抱拳禮向師傅行禮，得到應允後方可離去。訓練中有弟子遲到，需先向代課師傅或師兄行抱拳禮，得到應允後方可入隊。在我門內，稱謂上的口頭問好也是「振藩禮」的一部分，我這裏「不以技藝論高下，更不以入門先後排次序」，除了我家女兒大家都習慣叫大師姐，還有幾個從開館就跟我到現在的幾個弟子統稱大師兄外，其他人都是按年齡論伯仲。

練習結束後，集合整隊，集體行振藩禮。

解散前大家依次跟師傅或助教師兄拍手互道辛苦，或以「WALK ON」互相激勵均可。這個拍手的習慣是我借鑒大學時代我的跆拳道課程的經歷，在我的訓練體系中一直有保留。

我的弟子中不乏帶藝投師者，其中就有些曾經練習空手道的弟子告訴我：訓練中間如需擦汗或整理衣衫，均需背身過去，不可與師傅或助教師兄面對面整理，有失禮儀。這個禮儀我也有借鑒到截拳道中，用來細化、豐富整個道場訓練的禮儀文化。

振藩禮的源起不是本文寫作的重點。

如果一下子讓初學者記住振藩禮，確實有些難度，在長年累月的推廣中我「發明」了一種分解速記的方法，先學上肢動作，再學下肢動作，然後再組合練習，這樣可以避免顧上不顧下，學腳忘了手的尷尬。這套方法迅速為廣

大同道所借鑒，其實這些分解教學的心得多來源於少年時代學習武術套路的經歷。

振藩禮上肢動作圖解見圖 1-6 至圖 1-12。

振藩禮下肢動作圖解見圖 1-13 至圖 1-17。

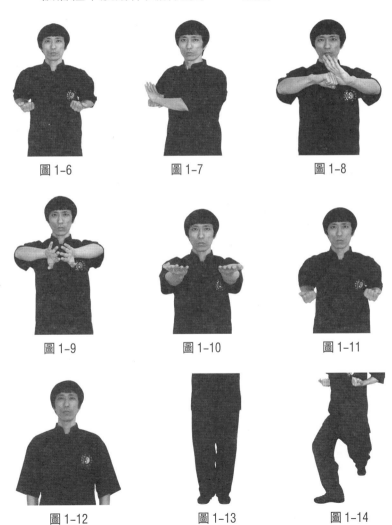

圖 1-6　　　　　圖 1-7　　　　　圖 1-8

圖 1-9　　　　　圖 1-10　　　　　圖 1-11

圖 1-12　　　　　圖 1-13　　　　　圖 1-14

圖 1–15

圖 1–16

圖 1–17

振藩禮的正面完整示範見圖 1–18 至圖 1–27，側面完整示範見圖 1–28 至圖 1–35。

圖 1–18　　　　圖 1–19　　　　圖 1–20　　　　圖 1–21

圖 1–22　　　　圖 1–23　　　　圖 1–24　　　　圖 1–25

圖 1-26　　　　圖 1-27　　　　圖 1-28　　　　圖 1-29

圖 1-30　　　　　圖 1-31　　　　　圖 1-32

圖 1-33　　　　　圖 1-34　　　　圖 1-35

根據日本中村賴永師傅公開的資料顯示，上課前他還有雙手十字交叉代表集合的手勢作為振藩禮的前奏，因為他也曾跟巴斯蒂羅師父學習過很長時間。

圖1-36是中村賴永師傅自己書稿中公佈的圖片，圖片中他在接受巴斯蒂羅指導，配圖的文字內容中他稱巴斯蒂羅為師父。雖然中村賴永師傅是巴斯蒂羅師父和伊魯山度師伯在日本的聯合傳人，但是這些年他基本以伊魯山度一脈宣傳，這個無可厚非，學習可以得益於多位師父，但是宣傳反而要聚焦才好。我對這位日本師兄關注也比較多，搜集了他的很多資料，日本在資料整理方面比我國要嚴謹和完善很多，不光是截拳道，其他武術也是，這點確實值得我們中國武人學習。

圖1-36　巴斯蒂羅與中村賴永

　　在最早開館時，也確有一些不懷好意者來館「交流」，我都要求弟子們禮節完備。

　　有弟子不解地問我：「師父，他是來找事的，我們給他抱拳行禮，他還以為我們怕了他。」

　　我的回答則是：「我決不允許『壞人』或者『手下敗將』比你們自己更有禮貌！」

圖 1-37

　　圖 1-37 圖注：伊魯山度師傅作為授業師兄，主持訓練時，先彼此敬禮，再集體向李小龍師祖敬禮，這個傳統應該保留。我大學讀武術本科時跆拳道是必修課，跆拳道有向國旗鞠躬的禮儀，這些都是值得借鑒和豐富到截拳道禮儀中來的。

圖 1-38

　　圖 1-38 圖注：這其實是一張頗具「截拳道文獻」價值的圖片，這是在李小龍師祖逝世後拍攝的，各位龍弟子和授業師兄伊魯山度互行振藩禮。牆壁上的內容會為一些有心的截拳道研究者提供一些資訊，伊魯山度不只在李小龍師祖生前獨立傳授截拳道，在李小龍師祖逝世後，他和師弟巴斯蒂羅成立的新學院，依然在傳授截拳道。

第二章
擺樁

對李小龍師祖採用的格鬥對敵姿勢，我們延續傳統的稱謂——擺樁。

傳統的稱謂可以沿用，非傳統講的是內質，而非外在稱謂，失去傳統我們最多有些失落，但是傳統落後於現代，功夫和國家、民族一樣，落後就要挨打。非傳統不是反傳統或完全摒棄傳統，就像張安邦這個名字叫了幾十年，幾歲時和幾十歲時代表自然不同，但是名字如一。

我把擺樁比作家用電器的開關，在截拳道肢體表達中一切開始與終結，包括中間的過渡都由這個樞紐承擔轉換的工作。由此可見，擺樁是截拳道所有技術的起點，也是終點，更是重點！步法就像電線，「串聯」了所有踢打摔拿的動作，擺樁、步法是截拳道最不容忽視的部分。

我將擺樁比喻成開關，將步法比喻成電線，直衝捶猶如電燈，側踢猶如電視，這些比喻式言論十年前我就在博客、微博中講過，純屬原創無疑，被很多同道借鑒去了，很開心被大家認可。

關於李小龍師祖對截拳道起始姿勢或對敵姿勢的中文記錄，擺樁這個中文術語出現最多，包括很多「龍弟子」也直接採用擺樁的廣東話發音來命名這個動作，伊魯山度大師便是。巴斯蒂羅師父也用擺樁一詞的廣東話發音，多年來，我也習慣了，也不改了。在《李小龍技擊法》中將擺樁稱為「On Guard Position」，黃錦銘師傅將之簡稱為OGP。鐘海明先生最早翻譯時，將擺樁命名為「警戒式」，無論直譯還是意譯都顯示了鐘老爺子非凡的功力，這個中文名稱在內地及港澳臺地區都被人們所接受。

除了警戒式外，還有比鐘先生早的內地李小龍研究者關文明先生將擺椿命名為戒備椿式，但是他的術語稱呼有些亂，對敵姿勢、擺椿常常在一篇文中混用。最早於香港出版的《截拳道之道》中將擺椿稱為「對敵姿勢」。

　　20 世紀 90 年代，內地截拳道風起雲湧，能者輩出，對擺椿術語前後命名變化較大，其中魏峰先生將擺椿定名為戒備式，石天龍先生稱之為預備式，高鴻鵬先生將之命名為警戒椿。郝鋼與陳琦平兩位師傅於 20 世紀 90 年代中期在美國學藝歸來，直接沿襲了伊魯山度大師一脈的術語。這也說明大家都在成長學習中逐步修正自己，從研修的起始點而言，上面幾位前輩他們都比鐘海明先生晚了一個年代，所以在術語的命名上還是受鐘海明先生影響比較大一些。

　　我這篇文章長且雜了些，文中內容既有內在架構，又有外形標準，這兩個有著相輔相成的作用。外形標準不代表內在架構正確，架構這個詞會頻繁地出現在本書裏。

　　大家可以從圖 2-1 至圖 2-5 中透過 5 個角度觀察擺

圖 2-1　　　　　　圖 2-2　　　　　　圖 2-3

圖 2-4　　　　　　圖 2-5　　　　　　圖 2-6

椿的全身架構。大家可以看到，每張圖片都用線條做了標記，細心的讀者看下去，會逐步理解我所標出的每一條線的用意所在。

　　圖 2-6 後腳與攻擊線一般呈 45 度到 90 度之間的夾角，圖 2-7 中研修者後腳跟輕輕抬起，猶如未熄火的摩托車，雖然沒有前行，但是不用再次啟動，即可直接出擊。全腳掌著地，雖然可以增加靜態時的穩固性，但是動態中的機動性及移動中的穩固性都受到了影響。全腳掌著地就像熄火的摩托車，想前行必須要先打火，多了一個步驟，這在格鬥中可以說得不償失。

　　關於後腳抬起的量化也有國外的研修者進行了標準化，比如黃錦銘大師認證的五級教練譚泰利師傅，她在書中就寫下了擺椿時後腳要抬起 30 度。

圖 2-7　　　　　　　　　圖 2-8

　　圖 2-8 中研修者前腳尖內扣與攻擊線約呈 30 度夾角，膝部自然隨著這個角度內轉，從而有效地防止對手對研修者襠部展開的直線攻擊，可以從圖 2-9 中看出襠部不在直線攻擊範圍內，迫使對手只有用弧線踢法才可以擊中研修者襠部，這樣擊打的路線就稍長，會給研修者提供更多的反應時間來採取防禦措施。

　　如果像圖 2-10 中前腳尖直直向前，實際上研修者的下盤就像圖 2-11 中一樣，襠部是完全正面暴露的。對襠部而言，直線的直接攻擊是最為危險的，而且前腿的腳和膝關節直直向前的姿勢實際上不利於研修者進行左右移動，這時的前腳只具備了前後移動的原始動力。但是如果像圖 2-12 前腳尖內扣超過了 30 度的話，前腳尖和膝關節過度內扣，雖然會增加研修者橫向移動的機動性，但是這個姿勢不利於前後移動，而且前腿易遭受攻擊的面積加大，尤其可能增大對手踢擊研修者膝關節的概率。

　　以中距離警戒式為例，強側前置這個動作正面呈現給對手可攻擊的範圍是一個狹窄的線狀結構而非面狀。軀幹

圖 2-9　　　　　圖 2-10　　　　　圖 2-11　　　　　圖 2-12

圖 2-13

與攻擊線的夾角為 30 度到 45 度，前鋒手垂直位於攻擊線上，後護手則位於攻擊線左前側。

　　圖 2-13 是詠春拳的二字鉗羊馬動作，研修者由「斂臀」將肩部到臀部呈現垂直線的姿勢，即兩肩到兩髖的垂線呈平行結構。這種在結構上的細節處理，使得一些類似推步的技巧得以方便發力，只有做到「腰馬合一」，後腳的推動力量才得以經軀幹上傳至前鋒手。但是我們回過頭來看今天優秀的綜合格鬥選手，他們在抱架時，屁股略微有些後翹，犯了傳統武術中「翻臀」的大忌。但是他們又不失穩固，強大的核心力量可以保證其技術的全面發揮，其中緣由，愛好者可以跟綜合格鬥選手取經瞭解，學學師祖的胸襟，而非固守師祖的「傳統」。

　　研修者腹部微微收緊，一來使軀幹離對手擊打武器更遠，二來有利於為拳法擊打蓄勢。因為我們是穿著道服拍攝，所以無法由圖片展現。其實，很多組合拳是靠身體的回轉以及肩背肌肉伸縮來發力，收腹有助於克服出拳時身體向前運動的慣性，就像剎車一樣。這樣不是整個人拋了出去，僅僅是拳頭像流星錘一樣被甩了出去，這是核心肌群在發揮作用，有些傳統武術的研修者可能略有體會，就像發力的核心是丹田。

　　研修者雙腳在遠中近距離的各種擺樁中的站位，均以兩腳在攻擊線的站位分佈為準，處於中遠距離時，前腳尖對後腳足弓；處於中近距離時，前腳尖對後腳腳跟。貼身近戰時，兩腳分別站在攻擊線兩側，其中攻擊線和研修者

自身中線垂直。研修者與對手貼身擺樁時，要下潛團身，雙拳上舉，但不要下潛太多，微微即可。

通常我們所說的三種距離，就是遠中近擺樁對峙，如上步一腿可擊中的距離為遠距離；上步一拳可擊中的距離為中距離；直接出拳可擊打到的距離即近距離，也就是常說的「交換拳頭」的「拼拳」距離。

在貼身近戰中，雙腳站位前後或橫向都不超過雙肩的寬度為佳，可以參照二字鉗羊馬，也就是兩腳之間距離等同雙肩肩寬，至於是腳內側還是外側的距離，這個以後再敘述，但兩腳均是斜角度開立的。

由雙腳「趾對弓」或「趾對踵」的直線站立架構過渡到分佈在攻擊線兩側站立的過程，我暫且將它命名為「開樁」，這個動作多是後手或後腳直接參與擊打的前奏，或是防禦中格擋對手攻擊後保持身體平衡的小動作，也是從中遠踢打到貼身近戰的站位變化的關鍵。

三尖對照是眾多傳統武術流派中常見的術語。我上大學時，選修過形意拳，形意拳的三體式就要求三尖對照。我認為李小龍師祖當時可能沒有刻意注意過這些，他在截拳道中以攻擊線理論代替詠春拳原有的中心線理論，又借鑒西洋擊劍的姿勢，使得前手和前腳均垂直位於攻擊線上，此時，身體的百會穴至會陰穴的這條重心線與攻擊線垂直，而鼻子又位於攻擊線上，這和傳統功夫中的三尖對照不謀而合。

可見，全世界的格鬥技藝，無論器械，還是徒手，無論單一技能，還是綜合格鬥，都具備格鬥的普遍共性，這

是由人類生理結構決定的。

截拳道的攻擊線理論來源於擊劍，研修者的攻擊線如同擊劍的站姿圖，與對手中線呈垂直關係。

攻擊線的動態變化有賴於步法，不管如何移動，攻擊線都存在於每一次的擊打中。比如，直線推步衝捶和變角度的直衝捶，攻擊線的變化就容易比較。

研修者的重心線與攻擊線呈垂直狀態，這是靜態的平衡標準，頭頂和雙腳呈現出等腰三角形。但是李小龍師祖講過，「在動中求平衡，非靜中求平衡」，這樣就要求研修者在格鬥攻防中出現重心偏前或偏後的瞬間轉換時，雙腳要合理地分配體重。

前肩隨重心前移至與前腳跟垂直，後肩又隨重心後移至與後腳跟垂直。如此，由重心偏前、偏後的律動轉換來求取動態的平衡狀態，並產生攻防所需的慣性。

建議不要採取的重心習慣有如下三條，一是死死地守住重心居中的教條；二是前肩超過前腳尖；三是後肩超過後腳跟。

李小龍師祖在筆記中寫有一術語——洞察力，首先洞察對手一舉一動就是靠眼睛，眼睛是遠距離傳遞訊息的先導，需要「籠罩敵身，洞察無餘」。動態擺樁中的視覺觀察與身體平衡是攻防的基礎。

研修者在擺樁時身體要適度放鬆，面部表情要自然，從容對敵，使對手無法從研修者表情中獲悉任何攻防意圖。值得注意的是擺樁時下巴要微收，而貼身近戰時下巴則收得更緊。

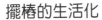

擺樁的生活化

研修者在擺樁時要做到外鬆內緊，內為精神意念，外為身體結構，保持精神的高度警惕與身體的適度放鬆，以及自然的面部表情，有助於研修者自如地展開攻防動作。

生活中無論研修者做任何動作時，都要將攻擊線對著假想的目標，比如雙手垂下要對著對手的襠部；叉腰時，拳尖可以對著對手的心窩或襠部；雙臂抱於胸前，肘尖對著對手的軀幹；正面對敵時，雙手開掌，掌心對著對手，呈防護狀，膝部對著對手的襠部，呈攻擊直線狀態。

攻擊武器不一定是拳尖，也可以是肘尖，或是身體的其他部位。瞄準線、攻擊線也不是要遵從教條主義，就像我將「瞄準線」胡亂私自細分為「靜態瞄準線」和「動態瞄準線」的理論，這裏不妨允許我再胡亂創新一次，再衍生出「狹義瞄準線」和「廣義瞄準線」。

讀者朋友們看了我對擺樁的描述，很多人會產生質疑，豈不是要拿直尺量角器來練習，其實個中細節之拿捏因人因時因地而異，如人飲水，冷暖自知。

只有一成不變的教法，沒有一成不變的練法。所有的技術都是這個道理。

瞄準線

如果刻意地強調擊劍在截拳道中的痕跡，就必須將瞄準線作為一個非常重要的概念來進行講解。我就瞄準線的問題問過巴斯蒂羅師父，他很確定地跟我說：「只有在我

的師弟黃錦銘的講習會以及他的公開資料中提及過瞄準線，當然都是作為一個簡單概念，即拳尖對準手部技術最佳的落拳部位，也就是對手的下巴。」

巴斯蒂羅師父告訴我，他跟我一樣，也是透過黃錦銘師傅才知道瞄準線這個概念。他接著補充道，所有李小龍師父的學生都是如此。

我個人甚至覺得，這個概念就是黃錦銘師傅在研究李小龍師祖遺作中「發現」的，而非師祖時代就提出的，那時擊劍理論在徒手格鬥中的實踐應用遠沒有黃錦銘師傅總結得系統到位。

這裏我大膽假設一下，在簡單概念的基礎上對瞄準線展開一番推理，當然純屬個人見解。

一線就是一線

狹義的瞄準線通常就是指研修者的前鋒手拳尖對準對手的下巴或者鼻子。

這個動作對初學者而言有一個快速入門的方法，擺樁對峙時，研修者伸直前鋒手的食指使食指延長虛線指向對手的下巴，然後收回，保持前鋒手食指的繼續指向，只不過這時不是手指尖，而是食指拳峰的延長虛線對準了對手的下巴。

作為一名截拳道師傅可以藉助簡單的道具來講解這個基本的理念，很遺憾黃錦銘師傅僅認證過幾個香港籍貫的中國教練。我曾多次有幸參加黃錦銘師傅一系的講習會，就曾有一位師傅以一根短棍作為教學道具，輔助我們認識

了很多截拳道技術的內在原理，包括瞄準線。

攻擊武器與被攻擊目標之間呈「一直線」模式，猶如雷達追蹤般鎖定對手，且符合兩點之間直線最短的「經濟線」原理。瞄準線理論同樣來自擊劍，截拳道中的衝捶和直踢就是兩點之間直線最短的經典技藝。

瞄準線是李小龍「化劍為拳」的創舉，可見心意拳脫胎大槍不是無稽之談，最早最直接的徒手格鬥技藝都來源於冷兵器，有興趣的朋友可以看看戚繼光、俞大猷的言論。徒手格鬥真正的獨立存在是有了現代競技運動之後，這個提法乃一家之言，暫且不多論述。

瞄準線的最初理論，即拳頭對準下巴的提法源於黃錦銘師傅。我在他的瞄準線理論上又推理出了「廣義瞄準線」和「動態瞄準線」的概念，其實這在截拳道攻防中原本就是存在的，只是到現在還沒有人提出來，我湊巧發現了而已，這和發明是兩個概念。

一線化萬線

說白了，一線化萬線就是拳尖與對手下巴建立聯繫，只要符合攻擊武器與攻擊目標建立直接聯繫的理念，均為瞄準線範疇，也就是我在狹義瞄準線基礎上推理出的廣義瞄準線。

如圖 2-14 至圖 2-15，當我手部下垂時，假想拳背、拳峰

圖 2-14

圖 2-15　　　　　　　　　　圖 2-16

圖 2-17　　　　　　　　　　圖 2-18

已經以直線追蹤鎖定陪練者的下巴或者咽喉、腹部、襠部，隨時隨機攻擊以上部位。

又如圖 2-16 至圖 2-18，當我雙臂抱於胸前時，肘尖鎖定陪練者軀幹，在其意欲攻擊時，我以肘部予以精準打擊。又比如，兩腳平行站立，腳尖與對方襠部建立雷達追蹤般的聯繫。這些都是「廣義瞄準線」的舉例。

就像愛因斯坦說的那樣，「保持簡單……但不要過於簡單」，在前人的基礎上前行才是成就最偉大事業的基礎。我們從以往披露的資料中知道了狹義的瞄準線，從而

發現了廣義瞄準線的理念。

　　這裏我在相對靜態的瞄準線方面再大膽地假設一下，講講我理解的動態瞄準線。

　　靜態瞄準線是相對靜止的擺樁警戒對峙。動態瞄準線是在步法運動中如雷達般追蹤目標，或在踢拳組合進攻中，保持動態瞄準線，不因擺樁起腳等施技變化而改變瞄準線的方位，即使瞄準線有所改變也在瞬間可恢復。

　　在圖 2-19 至圖 2-23 中，我與陪練者擺樁對峙，我用腳障踢作為開路動作，迅速拉近敵我距離，在實施踢法

圖 2-19

圖 2-20

圖 2-21

圖 2-22

圖 2-23

的同時，前鋒手的瞄準線沒有偏移目標半分，進入有效擊打距離，直接攻擊。如果讀者仔細觀察，這是一個變角度的攻擊，我在攻擊前和攻擊後，包括攻擊中都是有明顯的站立角度的調整變化。

　　如圖 2-24 至圖 2-26 所示，我面對陪練者的直線拳法攻擊，在躲閃中，頭部隨身體移動閃開對方的攻擊，但是在閃身的同時前鋒手依舊保持瞄準線，鎖定最直接的攻擊角度，發動攻擊。

　　如圖 2-27 至圖 2-31 所示，我從擺樁到以腳障踢開路攻擊陪練者下盤的過程中，我的前手的瞄準線始終沒有

圖 2-24

圖 2-25

離開過對手的下巴，前手衝捶緊隨腳障踢之後擊中目標，後續的鈎踢補擊，可擴大戰果。

　　當然沒有一成不變的用法，在我們實施攻擊中，我們

圖 2-26　　　　　　　　　　　　圖 2-27

圖 2-28　　　　　　　　　　　　圖 2-29

圖 2-30　　　　　　　　　　　　圖 2-31

也會因近身或發力需要做一些位置和角度的改變，但是這些都是一瞬間的動作，隨後要迅速恢復原位。

萬線歸一線

無疑，整合了所有格鬥資源的前手直衝捶與前腿直踢是截拳道的核心。我在教學中從前手直衝捶到前手的鑽捶、掛捶、螺旋勾拳，逐步教學，最終又回到返璞歸真的一拳——前手直衝捶。

各種瞄準線到最後還是回到最簡單、直接地以拳峰瞄準對方下巴上來。

截拳道就是週而復始的圓，從簡單到複雜再到簡單，所謂一拳只是一拳，一拳不再是一拳，一拳也只是一拳而已的三種境界。

李小龍師祖認為「精簡並且精通」是重複練習的意義所在。我認為「在精簡的基礎上，進而精煉，直至精通」，這個道理是通用於瞄準線這個概念的。

關於「瞄準線」，如果墨守成規，刻板遵循，不懂得高低左右的微調，變換出拳，其結局將會比不知「瞄準線」為何物者更糟。這就是沒有辨明「有限」與「無限」的關係，其實同理，瞄準線不單單適應於手部技術。

攻擊線

李小龍後期的截拳道沒有保留中線的概念，取而代之的是源自擊劍的攻擊線的理論，攻擊線與對方的中線呈垂直關係，換句話講，攻擊線直對敵人中線要害部位。從

「守中用中」「攻守搶中線」的「中線理論」到「攻擊線與對方中線呈垂直」的「攻擊線理論」，也是截拳道「攻擊性防禦拳理」的具體體現。

將攻擊線藏於進攻中，是真實格鬥的需要，比如變角度攻擊時，雙腳運用步法調整，攻擊線隨之改變角度。在攻擊前、攻擊中，甚至攻擊後保持攻擊線都是截拳道核心技戰術有效發揮的保障之一。

這樣來分析的話，攻擊線和瞄準線一樣，也就是我前面總結的「一線化萬線」「萬線歸一線」「狹義攻擊線」「廣義攻擊線」「靜態攻擊線」「動態攻擊線」。

這裏限於篇幅，就不做太多的分析，讀者朋友自己可以根據我前面剖析技術的「套路」，自己給自己講「故事」，所謂，迷時師渡，悟時自渡。在跟我學習的基礎上，多少你要先掌握前人的東西，才能明白萬變不離其宗，不然，就是空中樓閣，自己哄自己開心就好了，別實踐，那會使自己害了自己。

前鋒手

人體手臂最放鬆的狀態是垂直下放，這樣肩部不會受力。擺樁時，前手大臂也一般會處在一個自然下垂的狀態。如果大臂不是垂直狀態，不管肘部是微向前抬起，還是向外架起，肩部會處於緊張的肌肉收縮狀態。為了增加擊打的力度，首先要保證足夠的發力空間，肘部不是向前抬起，而是自然下垂，肘和肋部微微貼住，甚至刻意後縮蓄力就是這個道理。

如果手部前伸過遠的話，一來肩部肌肉容易緊張，有損格鬥耐力，很多人知道李小龍師祖一次訓練可以打 2000 拳，這肯定經由身體在技術結構上的「勞逸結合」來完成的，不然，抬半天手臂都累了，別說打拳了。二來不利於強側前鋒手的蓄力，肌肉彈性及速度都會受到影響，還有可能會有研修者打拳時先收手肘，再出擊，而且這個動作幾乎是很難直接發出非直線型手法的，例如鈎捶，需要一些準備動作，這些都不符合「隱蔽性」的特點。

放鬆是發力最大化的基礎，比如二戰的時候運動理論還是爆發力，後來在奧林匹克運動實踐對理論的推動下，反射力理論取代了爆發力。

什麼是反射力？李小龍師祖是最早的理論參與者，比如他舉例，在放鬆狀態下看到錢包飛過來，本能接住。還有就是你在放鬆狀態下，在未知情況下，煙頭碰你一下，你的手本能地以最快速度回縮，這就是反射力。

這些都是對攻擊而言的，如果從防禦的角度講，前手前伸過多的話，肘部自然離開肋部，會暴露軀幹前側。2015 年有四場崑崙決比賽在南京五臺山體育館開打，其中近三百人次的志願者都來自南京原本截拳道館。當時比賽大家印象很深的就是「小胖」位寧輝以左手鈎拳擊打對手軀幹的「爆肝拳」，獲勝概率極高，連我五十多歲的父親都在賽後找位寧輝合影，可見他的威力有多麼強！

這裏給截拳道研修者一個啟示，他用的是左手，而我們截拳道研修者做強側前置時，大多右手在前，我們的前手鏟鈎捶就很難有這種威力，這就是擊打部位發生了變

化，不能「刻舟求劍」。

其實，對專業運動員而言，一拳打到普通人，即使是很強壯的沒有經過專業訓練的人身上，隨便哪裏都會擊倒對方，但是截拳道是一個民間自發的運動，我們自己開心，健身、防身、修身足矣。

如果讀者熟讀李小龍師祖筆記的話，上述關於前鋒手的敘述在李小龍師祖的筆記中都有隻言片語的記載，我這裏相對把這些集中整理在一起，便於學習和理解。

相比其他格鬥術的椿架，一般情況下，前手位於身體攻擊線的位置，與攻擊線垂直置放，前腳、前鋒手呈一線，與攻擊線垂直，與重心線平行，也可以理解成截拳道獨特的攻擊型中心線，就像李小龍在其筆記中寫的：

「拳法（這裏應該特指前手）是從身體的中心線發出而非肩部。這樣截拳道的擺椿更利於直線出擊。拳法的發力除了步法慣性與身體轉動外，關鍵還在於大小臂間的折疊程度，就像壓緊的彈簧突然彈射的一拳，破壞性一擊需要這種手臂的運動方式發出。」

在近身攻擊的距離中，研修者也會將前鋒手置於肩部位置，和後護手幾乎是對稱的位置，這樣方便左右開弓，近身時多弧線屈臂拳法，雙手都利於出擊，而且手從中心線放到肩部也利於防禦對方最直接的打擊，至少近身情況下雙方弧線屈臂近身短拳的運用頻率都在增加。

前鋒手一般不超過肩部高度，前鋒手過高會影響視覺，拳頭前面是研修者的視線範圍，如果拳頭過高就會擋住研修者對對方下肢的觀察視線，進而影響視覺洞察的效

果。

儘量避免使小臂水平放置於自己肘部高度，除非你有特別技戰術的安排，這時的前鋒手容易遭到對方的踢擊，而且不容易快速回到需要防護的部位，也不利於重拳揮擊。

在前鋒手逐漸升高的情況下，它的位置會發生相應的變化，會移至攻擊線的外側，類同左手的角色，不同的是，這時沒有絕對後護手和前鋒手的區別，有的只是更利於左右開弓的強力擊打。

在近距離中，前鋒手不是擺放正中，而是與後護手一樣，置於下巴一側，這樣有利於屈臂短拳發揮。

「手與足合」是一個自古就有的國術拳決，我這裏提出的是一個相對靜止的擺樁樁架概念，需要大家探討，因為在截拳道領域還沒有人提到過，有待商榷。

前鋒腳腳尖與攻擊線呈約 30 度夾角，前鋒手的手部與攻擊線垂直，肘部外撇，略貼肋部，其夾角也是約 30 度的樣子，還有一個細節就是前手直衝捶打出時拳面與中心線的夾角也是 30 度，這個拳面的角度和衝捶出擊的最佳受力角度也是一樣的。

後護手

後護手這個術語來源於李小龍師祖武學筆記中「以前手主攻，以後手主防」的記載。後護手的概念是值得探討的話題，很多時候我們多對前鋒手過於關注，而忽視了後護手的重要性。

在圖 2-32 中，我示範的後手拳約 45 度斜前置於下巴側前方，這個姿勢較為中庸，攻防皆宜。這與後腳和攻擊線的夾角一致，也是「手與足合」的又一寫照。這個「手與足合」是我偶然臆想所得，也歡迎讀者朋友有不同意見，與我多多探討。

　　後護手儘量不要位於下巴側方或耳朵位置，這樣整個正面都暴露了，這樣於防禦無益，除非只針對側面的防禦，要是來自正前方的攻勢，後護手還要前移才能進行防禦，這樣有違「直接」的本意。再者，位於側方而非側前方的話，從攻擊的角度而言，也增加了攻擊的距離，當然武器離對手越近越好。

　　《截拳道之道》英文版及港版中均指出後護手張開呈掌可向前、向左、向右進行防護。雙手均可掌心向前，如圖 2-33 左手後護手置於下巴前下方。如果後護手開掌位於下巴正前方，距離下巴的位置要適中，根據《截拳道之道》中的李小龍師祖筆記可以看出，後手位於前肩平齊。左手為護手也可掌心向右，右手為護手也可掌心向左。如果是左撇子，那麼做強側前置時，就是右手為護手了。

圖 2-32

圖 2-33

近年內地版的《截拳道之道》採用港版翻譯，卻修改為「後手掌心打開，朝向敵人」，刪除了向左、向右。大家知道這個動作是湯米·克魯瑟斯師傅的招牌動作之一，他是大家，無可置疑。

　　後護手呈開掌狀有很多的好處，便於整個後手臂放鬆。研修者可以體驗一下，如圖 2-34 呈拳頭狀，你要適當向前架高肘部和大臂才能起到防護下巴的作用。這個動作會使你的後手臂略顯緊張，但是如圖 2-35 及圖 2-36 中後護手呈開掌的話，等於延長了前臂的長度，使手肘自然下垂，甚至可以是垂直下垂，保持最放鬆的狀態。研修者可以比較呈拳和開掌時，肘部的位置，這關係到後護手大臂的放鬆。

　　後護手的概念不是絕對的，就像在有的擺樁姿勢中，後手是可以隨時加入進攻中來的。

　　「後護手」我們首先是看到的字眼是「後」，也就是在攻擊武器之後，如果後手進攻，那麼此時的後手勢必超越前手，在後的前手也就承擔了防禦的任務，這是後護手概念靈活運用於實踐的理解。例如：以後手直衝捶螺旋狀

圖 2-34

圖 2-35

圖 2-36

打出，前手呈開掌護手。

後護手不光用在靜態的擺椿中，在攻擊的瞬間，在動態中也是時刻起到防禦屏障的效果，比如做前手直衝捶時，後手開掌呈護手；又如在做前手高位鏟鈎捶及高位掛捶中，後手守住中位，防止中門大開；後手做螺旋鈎捶時，前手開掌位於下巴前方等等。

後護手不光相對手部技術，從踢法的角度而言，後護手一樣重要。側踢時後手呈拳在體側，呈掌位於胸前下巴下方，前腳鈎踢時後手呈防禦狀態，後腳鈎踢時前鋒手變成護手，做攔門腳時後護手可立掌位於胸前等等。在做這些踢擊動作時，後護手一來可維持身體平衡，二來可起到一定的防禦效果。

後護手的防禦不單純是指手部局部防禦動作，這裏概念上也包括肘部微貼肋部，這時從肘部到小臂形成軀幹很重要的一道防禦盾牌。這是「以肘為盾」的固態形式。

如果後護手過高或過分前伸的話，會暴露軀幹肋部的要害，其實手部過分前伸也會迫使肘部抬起，這樣肩部易疲勞。

為數不多的研修者注意到：李小龍強調強側前置，相對弱的一側置後，這樣其實可以加大弱側一方在發力時腰馬轉動的幅度，增強弱側一方踢拳的強力擊打。這種科學的安排方式實際上使雙手皆能在格鬥中發揮極大的威力。

不管是前鋒手還是後護手，檢驗其正確與否的標準都歸於實戰格鬥中能否「攻防得當」，能夠防護下巴、咽喉、胸腹、肋部等要害部位，又能在所處位置直接封擋、

消截對手的攻擊，作為屏障護身要害。攻則直接出擊目標，並有效地發揮手臂屈伸彈性，發出強力一擊。雙臂都不應該漫無目的地左搖右晃、上下擺動，這樣容易暴露自身要害，也難以抓住稍縱即逝的戰機。

手臂在格鬥中保持輕微的律動，應視研修者戰術意圖而定。

後護手在體前的位置不要過於貼近下巴或者遠離下巴。過近不利於由防轉攻，過遠容易疲勞。所以，後護手與下巴距離要適中。

後護手位於正門，要注意防守的是來自左右兩方的擊打。我不是特別喜歡後護手開掌向前位於正門下巴的手勢。伊魯山度一系的保羅及克里斯·肯特師傅在 20 世紀七八十年代的講解示範中都有影像及書籍資料講解。包括國內歸為黃錦銘一系的湯米師傅，我認為他早已自成一家，他最早授業於李小龍師祖奧克蘭的學生霍華德·威廉姆斯。國內後護手開掌擺樁真正被重視，就是從湯米師傅對內地截拳道的影響才開始的。

我看到國內現在的研修者在訓練中也開始戴護目鏡、安全護襠，包括國內所謂正統的傳統截拳道訓練模式都是效仿湯米師傅，沒有一個龍弟子教過這些，沒辦法，因為利益的關係，大家包括我自己和我的很多前輩及同輩都「明目張膽」地學他。但是都託名受教於其他師傅，不管怎麼樣，東西先傳下來了，現階段也是好事一樁。

從我的門人實戰對抗的公開圖片中看，他們擺樁時，自己和對手的四條手臂前臂如「11」般豎向排列。因為

他們初學截拳道時，我對擺樁的要求不統一，第一節課我就會要求他們打模擬實戰的輕接觸了。

大個子的手會低放，小個子的手會抬高，這是客觀決定的。大個子打小個子的頭很方便，小個子打大個子的腹部也很方便，所以擺樁硬性要求一致，可能也是很多人心裏崇拜李小龍師祖，只是我崇拜的方式不太一樣而已。

我有一段時間為了滿足自己的虛榮心，我把歷年來帶門人訓練的集體合影都上傳在我的 QQ 空間，堅持很多年，就是證明兩點，其一，南京是地球上練習截拳道人數最多的城市；其二，我是地球上手把手教過最多學生的截拳道師傅。因為很多合影擺樁姿勢不一，所以遭到網上很多人抨擊，我覺得又不是模仿秀，何必非要一樣，跟大家爭吵頗多，現在想想，真心說一句對不起。我們都沒錯，如果非要選一個錯的，那就是網路讓我們看到了彼此。

內裹與對爭

在李小龍師祖之前有人會用拉力繩來增進步法中兩腳的快速配合。如果你心足夠細的話，你會發現，拉力繩在靜態擺樁的作用和「內聚力」其實就是一回事！

這種力不光在步法中，在拳法發力中也是存在的。兩腳、兩膝、兩腿的配合不光體現在步法、步型中，研修者可想像一下，在拳法發力中，步型產生變化了嗎？這也是步法的一種，即使只是重心發生了變化。

擺樁中的雙膝至腳部均微微內扣，這在截拳道中稱為「內裹」，這個術語是傳統武術裏的。臺灣也有黃錦銘師

傳一系的研修者用「內聚力」來表達。我覺得都可以，各用各的，從膝蓋到心窩形成一個看不見的三角形結構，三角形的穩定性為擺樁提供了更多的下盤穩固性。

這種結構也有效地防禦了對手對研修者襠部的直線攻擊，加強了後腿在攻擊中的更快參與性。雙腳前後的對爭力，以及前腳腳尖和前腳腳跟的「對爭」，保證了流動性擊打的隨機性。

截拳道的擺樁從形式上看似乎與詠春拳已經分家，事實上也是如此。但是它們統稱為「中國功夫」，統稱一致，肯定有共性，這些不是借鑒與否的關係，而是共性使然，就像人類發展到某個時期，你會發現文明驚人的相似，即使是從未有聯繫的大洋彼岸，這些規律在功夫中也是一樣的。

擺樁還保留了一些詠春拳的隱形特點，「內裹」就是二字鉗羊馬的「鉗」勁。除了上述的「內裹」介紹，還有「斂臀」一說，內家拳裏這兩個特點一般是不分開的。「斂臀」在傳統武術中有別於「挺髖」，這個有機會再在後面書裏跟大家講吧。

以前的傳統師傅都喜歡穿肥肥大大的練功服，其實也可以稱之為「藏功服」，所以說楊露禪宗師「偷拳」的故事，我覺得演繹的傳奇色彩多一些，像他這樣繼往開來的大宗師，很難被小說家或同行放過的。

「斂臀」使得人體從肩部到髖關節形成了一個整體，這是截拳道發力的需要。大家回想一下李小龍 1970 年 8 月 13 日因蹲舉訓練致第四節脊椎神經受傷，腰部受傷，

臥病在床達六個月之久。早期我們看李小龍打沙袋的視訊，基本是腰部過度的扭轉發力。腰部受傷的李小龍在恢復訓練的過程中，逐漸減少腰部在發力時扭轉的比重。對這個時期的李小龍而言，格鬥發力中減少腰部參與的比重是新的「老課題」。

我想傳統武術中的「斂臀」又重新給了他靈感，這也是他多年訓練的應得。但是傷癒之後他的發力發生了轉變，我們再去看師祖後期的弟子及再傳弟子的發力動作，幾乎是從肩部至髖關節成為一個發力的整體，腰部不再單獨運動，這樣的話即使你到了 80 歲還可以打拳。

人老腰也會老，腰部雖然很粗壯，但是它只有一根脊椎，肩和髖才是人體最大最不易受傷的骨骼，這也是很多第一代傳人到了七八十歲還在輕鬆打拳，並奮鬥在一線的原因之一。

這裏就給了大家一個「李小龍研究」的課題。1971年 7 月 2 日，李小龍師祖由美國飛泰國直接參演《唐山大兄》，李小龍師祖這個時期和後期又接觸了哪些弟子，有心人可以以此為點展開考證，說不定能學點新東西出來，對研究李小龍師祖後期武學肯定有所裨益。本書已經提到了現代很多很厲害的拳擊手和綜合格鬥選手都不斂臀，相反，他們的屁股撅得有點高，這在自由搏擊選手中很難看到。細心的讀者不妨也再多進行些考究，琢磨出新東西來就是你的拳學研究成果，何樂而不為呢！

傳統武術有站椿，有的椿架很低，我在訓練中也常常讓弟子們蹲下來做摸膝蓋的遊戲，這對鍛鍊腿部力量，提

升步法有很好的效果。蹲下來之後，擺樁的樁架幾乎保持不變，按照拳學的要求，講到的要點都不丟，還要求這「低架」像「高架」一樣靈活流暢。這種把下肢鎖起來的狀態，一旦行拳自如，那站起來可了不得。

截拳道沒有這個練法，傳統武術裏卻有不少這樣的東西，練時難，打時易，還是要多跟咱老祖宗取經不是。

這裏插一些題外話，我也有自學的很多經歷，其實功夫經過數百年的發展，絕不是可以輕易自學的，以一人之力對抗人類數百年的智慧結晶是愚不可及的。李小龍師祖局限於年代和環境，他的學習方法多為自我體悟，等於「神農嘗百草」，造成的自身傷害是可以想像的。所以我在這裏也規勸大家，科學練功，找專業的人士學習，少走彎路，少受傷害，身體是自己的。

2018 年，也就是我重新校正本書的時候，當地武警部隊透過我的弟子景步陽請我去講拳。景步陽是南京郵電大學的研究生，也是 2017 年南郵武協原本截拳道社長，他是武警退役後到南郵讀研究生的。2016 年他帶新生軍訓剛結束就來我這兒報名學拳。我到部隊後聽到的一個詞是「百度」，可見，部隊已經由經驗教學到了更加尊重更新訓練知識體系的境界，除了講踢拳之外，他們還請了南京浦口「知行合」的柔術老師教地面搏殺。我在和幾位武警領導交流中，知道了他們有的部隊還請了體校田徑老師教越野跑，以此來降低新兵可能出現的膝蓋損傷，這種進步就是我在之前工作時袁董事長常說的「廣泛借力」。

我在這裏大篇幅地寫了半天，並不是說明詠春拳在整

個截拳道系統中占了多少比重的問題。李小龍練習了很多年的詠春，這是個事實。即使後來借鑒拳擊的訓練模式，直至最後擊劍的「終極一刺」促使了截拳道的誕生，但是多年來練習詠春保留的一些習慣已經成為李小龍的肌肉記憶。

如果你想和李小龍師祖一樣優秀，就要向李小龍師祖那樣訓練，不是說從傳統功夫到世界武道再走一遭，而是把握李小龍師祖各個時期武道研修的特點、特質，力求掌握其核心。在「黐緊核心」的第一個階段，「保持嚴謹的結構」（李小龍師祖「截拳道真相」筆記手稿中的第一條）。我在前文中講過很多傳統功夫家，尤其詠春拳拳師，他們頻繁強調「結構」一詞，這並不是高大上的說辭，是有科學的道理孕育其中的。

最早的李小龍師祖筆記的翻譯版本是「截拳道要義」，後來新版的《截拳道之道》將之翻譯為「截拳道真相」，一共十六條，條條真知灼見。我沒有比對中英文版本，有興趣的讀者可以一一比對，記得也跟我做一個分享，在很多社交平臺上都可以聯繫到我本人。

關於平衡

李小龍師祖曾有很多關於平衡的論述，動態的平衡是格鬥的需要，但是相對靜止的平衡要求也是格鬥的要點，比如他說保持擺椿平衡的關鍵就在於研修者的頭部位於雙腳之間的攻擊線上。

如圖 2-37 所示，擺椿時內在、外在椿架必須標準，

圖 2-37

內在結構必須正確，格鬥不是選美，需要經得起檢驗才行。擺樁時後腳微抬腳跟的彈簧減震結構，是在不穩固中求得穩固的最佳結構，就像李小龍師祖的 NBA 明星弟子賈霸籃球鞋的減震器的緩衝作用一般，重心可以利用彈簧結構的緩衝原理「在動中求平衡」，繼續保持正確的樁架結構，尤其在後退與左右閃躲時有效地分擔身體失重負擔，符合師祖「動中求平衡」的原理。

當然，研修者必須以「靜中求平衡」作為基礎，不能斷章取義地直接追求「動中求平衡」的果，也不能隨意攻擊我說的「靜中求平衡」的因。

如果你是一名李小龍師祖的影迷轉化而來的截拳道者，你會對《猛龍過江》中李小龍師祖對戰世界空手道冠軍羅禮士的小幅度的「鐘擺步」的往返重複的動作記憶猶新。小幅度的鐘擺步讓李小龍師祖的重心在「趨前轉後」中循環，偏前又偏後的律動變化使雙腳的負重始終處於平衡狀態，這也是「動中求平衡」的表現形式。

雙腳的站位

雙腳的站位實際上是由雙方格鬥距離來控制的。在截拳道中，控制了距離就控制了一切，我常舉例和門人說：手槍射程 50 公尺，你始終保持在 51 公尺，就是神槍手也拿你沒有辦法了。這雖然是個不恰當的比喻，但能表明

我的意思。距離也決定了一切，包括雙腳的站位，雙手的擺放，以及軀幹與攻擊線所形成的角度等等。

遠距離格鬥時，雙腳前後移動較為頻繁，這是要保持平衡，保持雙腳前後移動的機動性。處於這種狀態時，對雙腳左右的支撐結構相對要求較低，一般採用前腳尖對後腳足弓的站位。

在近距離的貼身格鬥中，拳法成了格鬥主力軍，為了使雙手都有效地參與到攻防中來，雙腳往往位於攻擊線的兩側，身體略正一些，這樣雙手參與打擊的機會均等，且近身格鬥中防禦動作多集中於上身的躲閃，這樣雙腳橫向站位增加了左右的平衡支撐，為上身躲閃做足了準備工作。

較為適中的擺樁站位，即前腳尖對後腳跟，這是相對中庸的站位，被很多人採用。如果可能，儘量在腳尖對足弓這個站位上下工夫，這是符合截拳道理念的理想站位。

從雙腳在攻擊線上站位的變化中，尤其是一些俯拍的圖片中，相信聰明的研修者已經看出了中遠近擺樁站位的變化，雙手擺放及軀幹與攻擊線所形成的角度變化。

還有一個重點，也是大家常提及的困惑點，兩腳之間前後間距到底多大，有以下三種方式給大家作為參考。

一是原則上雙腳橫向站位的距離不大於肩寬，我們專門拍了圖 2–38 就是這個意思。

二是雙腳之間的距離還有一種判定方法，雙腳間距相當於自然行走的長

圖 2–38

度，如圖 2-39。

三是我早年在南京中醫藥大學教拳時，校內有很多臺灣同胞。其中有人在臺灣習陳隆一系的截拳道，他說他們是由二字鉗羊馬的正身馬轉馬成側身馬後就形成截拳道的椿馬，也就是說二字鉗羊馬的雙腳橫向間距就是擺椿兩腳的前後間距。我這樣說不知道大家能否明白，可以參考圖 2-40 至圖 2-42 中的示範，至於是雙腳內側的間距還是外側的間距，這個也是值得琢磨的問題，研修者不妨自己多動些腦筋思考一下。

另外，研修者在練習中可思考如下問題：

圖 2-39　　　　　　　圖 2-40

圖 2-41　　　　　　　圖 2-42

一、擺樁在遠中近距離變化時，軀幹與攻擊線的角度變化。

二、擺樁在遠中近距離變化時，雙手擺放與攻擊線對比的變化。

如圖 2-43 和圖 2-44 是近距離開樁的示範。圖 2-45 和圖 2-46 是中距離擺樁的變異。圖 2-47 是「遠距離視覺洞察」的示範。

從圖 2-48 和圖 2-49 中可以看出前鋒手並沒有擋住視線，因為距離遠，垂下的前鋒手有足夠的反應時間來進

圖 2-43　　　　　　　　　　　　　圖 2-44

圖 2-45　　　　　　　　　　　　　圖 2-46

行防禦。但是前鋒手不能過低，不然容易遭受對手的腳踢，如圖 2-50 和圖 2-51 示範可以看出來。

圖 2-47

圖 2-48

圖 2-49

圖 2-50

圖 2-51

　　前腳與攻擊線保持小於 30 度站位，膝蓋保持和前腳一樣的角度，這樣可以保護襠部，前腳如果和攻擊線平行的話，容易暴露襠部。

　　後腳與攻擊線保持 45 度的夾角，後腳跟微微抬起，抬起過高的話，小腿容易疲勞。

　　後腳如果是與攻擊線平行的話會利於向前的移動，研修者可以想想劉翔起跑的準備姿勢。而後腳與攻擊線垂直則利於水平的步法移動，只有後腳與攻擊線的夾角小於 90 度且大於 45 度，才能保持前後左右移動的機動性。

　　雙腳間距過寬，這樣貌似會給研修者安全感，會感覺自己站得更穩，因為步距加大，重心下沉，但是這樣損失的卻是機動性。

　　雙腳間距過窄，且雙腳與攻擊線在一條直線上，這樣雖然增加了機動性，但是穩定性較差。

　　雙腳橫向站立間距過寬，分佈在攻擊線兩側，也許做側向環繞步移動時會方便些，但是很難在直線上快速啟動。

　　雙腳前後一條直線站立，這樣無論從前還是從後，研修者都具有穩定性，但是這種站位遭到橫向的力的打擊卻是不堪一擊。

　　雙腳橫向分佈在攻擊線兩側，前後的支撐力幾乎等於零。

　　在擺樁後期訓練中，我們要求研修者從自然體姿直接過渡到擺樁，這個可能是向四面八方各個角度、方位做出擺樁的警戒狀態，可以是向前接近對方呈擺樁狀態，也可

以是後撤保持安全距離呈擺樁姿勢，也可以是左右呈擺樁姿勢應對側方來犯之敵。

2009 年 5 月，巴斯蒂羅師傅在內地第一次講習會上講解了「四向開樁」，就是保持自然體勢。前後左右來犯之敵，在潛步接近時，研修者朝來犯之敵以擺樁對峙。巴斯蒂羅師父當時還建議我們不必非要擺樁，也可以直接以腳障踢截擊來犯之敵。後來巴斯蒂羅師傅補充道：「除了前後左右四個正的方向，還有斜的方向，就像錶盤一樣，有各個角度。」這實際上是我們中國表達方位的傳統習慣，四正四隅，八卦的方位。

在奧克蘭截拳道時代，李小龍師祖教案中提到的「五角踢打」，這些都是 360 度攻防理念的理論基礎。研修者想對擺樁有更深層次的認識，還需要瞭解「三門」，橫向的「三門」指的是「內門、正門、外門」，縱向的「三門」指的是「高門、低門、底門」。限於篇幅，這些我會在下一本書中的「五門消打」的章節詳細論述。

關於擺樁，我細分講了這麼多，只是便於研修者形象理解，畢竟書籍不似面對面師徒相授，有很多的局限性，有時候我為了講得更加具體細緻，反而把不可分割的整體給切得七零八碎，苦了研修者要再去整合，其中的酸甜苦辣種種體驗非親身研修而不可得知了。

第三章
手 法

第一節　精武指傳奇

1973 年 7 月 20 日，李小龍師祖逝世後，人們都把李小龍師祖的奇聞逸事作為茶餘飯後的談資。其中香港坊間就曾盛傳李小龍師祖在港後期，在苦心孤詣地研修一種鐵指功夫——「精武指」。不少與李小龍師祖生前，尤其是後期有過接觸的人士均表示，李小龍師祖生前曾對他們親口談起過其研修「精武指」一事。

香港回歸之後的第三年，恰逢千禧之年，在為紀念李小龍師祖而拍攝的《千禧巨龍》中又以杜惠東先生回憶表述的最為精彩。

杜惠東早年在美國生活，1971 年回港做記者，1978 年加入嘉禾電影公司任宣傳部經理。杜惠東先生非常健談，博學，有著很高的職業道德。杜先生以當年職業記者的身份對大眾講了很多關於李小龍師祖從未披露過的事實，並證實了很多傳聞和猜測，其中就包括廣大龍迷朋友所熟知的「精武指」的故事。更為難能可貴的是他親眼所見，親耳所聞，可見「精武指」並非單純為無聊之文人所虛構杜撰的一個新詞。

李小龍生前確實研究過精武指。據曾任職嘉禾電影公司宣傳部經理杜惠東曾說：

「……我見他表演過一次，那是一次外國記者的集會，他在那邊喝酒的時候就表演過，他說自己正在研究

『精武指』，他的寸勁與你距離半尺不到就可以發力。如果這個精武指練成以後，他一插就可以插進你的胸膛，就像手槍的一顆子彈一樣。他說他現在練到可以戳穿一個啤酒罐，這個啤酒罐是鋁皮做的，如果是空的，它就吃不到力，手指一彈過去它就飛掉了。如果是沒有開封的，裏面的張力就很大，就會是一個考驗，另外一個考慮是如果手指插進去的話，手指甲旁邊的肉可能就會翻出來。他就研究怎樣才能戳到敵人，而自己也不會受傷。他把啤酒罐放在酒吧桌上，握著拳頭運了有半分鐘的勁，然後叭得一戳，但是沒有戳進去，這個啤酒罐一下就飛到對面的牆上去了，幸虧對面是牆而不是鏡子，啤酒罐打到牆上就爆開來了。我們拿這個啤酒罐來看，雖然啤酒罐沒有被戳穿，但已經被戳進去有半寸多深。如果打架的時候戳到對方，就算沒有戳穿你的胸膛，這一下子也等於點了穴道，一定能讓你無法呼吸。這個力度是很厲害的。」

所謂眼見為實，耳聽為虛。「精武指」表演之事過後，杜惠東先生評價李小龍是一條「真龍」。

除杜惠東先生的回憶之外，還有電影和書刊的渲染也為這股「精武指」旋風起到了推波助瀾的作用，我們先從呂小龍的《龍拳精武指》談起。

呂小龍的真名叫黃健龍，來自與香港毗鄰的澳門，擅長洪拳。在選拔李小龍師祖接班人的時候，他因為形象與李小龍師祖有幾分相似，又是他的崇拜者，被幸運地選中，先後主演了《截拳鐵指鬥刀客》《死亡魔塔》《龍拳精武指》及《猛龍伏虎》等影片，其中《龍拳精武指》是

在國內電影院上映的影片。該片我二三十年前曾在我母親老家徐州豐縣順河鎮電影院觀看過，與他合作出演的有李小龍師祖的搭檔苗可秀和師兄黃淳梁，還有邵氏群英中的鐵漢羅烈。

片中，呂小龍飾演李小龍師祖的徒弟黃小龍，從美國回香港拿李小龍留下的精武指秘笈，與羅烈扮演的黑幫頭子進行鬥爭。《龍拳精武指》為了增強影片的真實感，還專門請來李小龍的詠春師兄黃淳梁師傅扮演影片中的「師伯」——在本片中他飾演的就是自己，是黃小龍的師伯。並請臺灣女星苗可秀擔任女主角。苗可秀在《精武門》和《猛龍過江》中均擔當女一號，是名副其實的「龍女郎」。

這部《龍拳精武指》的武打片，也為「精武指」的傳說起到了推波助瀾的作用。影片《龍拳精武指》中所展現的「精武指」，就是模仿李小龍師祖的標指動作戳擊可樂罐、木人樁和敵人。其中還有用食指捅破易開罐的誇張鏡頭。

除了這部《龍拳精武指》外，在何宗道版《李小龍傳奇》中亦有「李小龍」利用電擊類器械苦練「精武指」的片段出現。這種現在看來都頗為先進的電擊類器械更容易讓人產生聯想。片中的何宗道扮演的李小龍信誓旦旦地說，「一定要練成精武指」。

20 世紀 70 年代李小龍師祖逝世後，香港坊間出版了大量的紀念雜誌和特刊，其中有一本名字就叫《精武指》的特刊，當然這本所謂的「特刊」中所述的均多為類似武俠小說中的武功橋段，而且有過之而無不及，連巫術、神腳道等荒誕無稽之言都充斥書中。文中還煞有介事地藉助

李小龍親筆所繪的人體頭部和全身要害打法圖解來注釋所謂「精武指」的攻擊部位，可笑至極！這哪裏是什麼學術論著，分明是那些指望借李小龍盛世威名大發橫財的不恥寫手所為。

李小龍師祖在美國的弟子、家人以及香港詠春派的一些人士在論及「精武指」一事時，其中，美國的一眾「龍弟子」和師祖家人一致表示不知道「精武指」！但又據香港詠春派一位前輩說，「精武指」一事是李小龍師祖逝世後，被他一位姓古的師兄給宣傳起來的，可見「精武指」一說也非空穴來風。

李小龍師祖生命後期，真真實實地在研修名曰「精武指」的指上功夫，也許因為英年早逝的緣故而沒有像類似「李三腳」「勾漏手」「無影拳」「雙節棍」「寸拳」等極具個人風格的絕技而廣為人知。在李小龍師祖生前的武學手稿中也沒能給我們留下具體的記載。練習指功的方法，本來就在李小龍師祖的著作中記載得不多。加之，李小龍師祖最為忙碌的生命後期是在香港度過的，當時其得意弟子均遠在美國，因此門人、親友都很不瞭解也是情理之中。

「精武指」即便真的存在，也不過是一種普通的指功再昇華罷了。功夫本身是沒有歸屬性的，因人而異，創造它的人是一個已經被神話的人，「精武指」也就成了神奇的武藝技巧。20 世紀 90 年代，一些傳授「李小龍功夫」的內地武校也把「精武指」列為傳授科目之一，作為炒作的一個噱頭，這也過分地渲染了在傳統武術流派中早已有之且原本平淡無奇的指功的威力。廣大截拳道研修者大

可不必因無聊文人之一句杜撰而煞費苦心去追求虛無縹緲的「精武指」，而忽略了武學的整體。正如李小龍師祖在《龍爭虎鬥》中向董瑋講述的那樣，「如果你只注視手指，就忽略了月亮的光環。」

「標指」這個術語，源於李小龍師祖修習過的詠春拳，標指跟衝捶一樣，招式源於詠春，心法源於擊劍，便是「化劍為指」或「以指代劍」的說法。中國功夫中的「指型」為截拳道「武器庫」提供了新的技術創新的源泉。

正統的標指同樣從屬於直線攻擊的範疇，因為它的施用範圍很廣，我們這裏拿出來進行單獨講解。

實際上，手部技術的核心集中在前手直衝捶、後手交叉直衝捶、鈎捶和掛捶。嚴格來講，掛捶也是和標指一樣，作為衝捶的補充部分，都屬於直線型拳系，因為應用範圍極廣，而單獨來講解。

眾所周知，李小龍師祖是詠春拳葉問宗師的弟子，如果說截拳道源自詠春拳，那麼「精武指」就源於「標指」，只不過這裏的「標指」已經不是傳統意義上的詠春拳中的套路。據眾多詠春門人回憶，李小龍師祖並沒有學到標指套路，但李小龍師祖的標指攻擊法較之單純的標指套路更加系統，更加利於其武學整體技術的發揮。標指可謂截拳道格鬥武庫這座森林中的一株秀木。

詠春拳中標指的名稱來自少林佛經中的標月指。「得指忘月」本是禪宗六祖的公案，而李小龍師祖在《龍爭虎鬥》中說的卻是另一種意思，大意是說當自己的手指指向月亮時，自己的視線往往會被手指遮蓋，反而看不見月

亮。即凡事應要向長遠看，不要被眼前的障礙遮擋了自己的視線。我在這裏改一個字叫「得指望月」，我用這四個字形容李小龍師祖的大智慧，凡事不要過於執著，應將目光放長遠。我告誡門人弟子在研修中也是不要執著於一拳一腳，而忽視整體的效用，更不要執念於今人今拳，而忽略與時俱進。

詠春拳中標指的動作，是雙手手指齊向前伸，大約至對手眼部的高度。故很多人都認為標指是專取對手眼部的狠辣套路。又由於標指是詠春拳三套拳之中最後的一套，因此也有人認為標指是最厲害的一套拳。

所謂的「精武指」就是截拳道的「標指」。研究李小龍師祖留下的訓練標指的方法是研修者探究「精武指」真實面目的不二法門。

圖 3-1 展示的是正門標指，正門標指是最為快捷、常用的手部技術。圖 3-2 為正門標指的俯拍圖示。李小龍師祖將它比喻成武術家手中的「劍」，我認為應該是擊劍的「劍」。當然武術是個大的範疇，包含冷兵器，這樣看

圖 3-1　　　　　　　　圖 3-2

圖 3-3　　　　　　圖 3-4　　　　　　圖 3-5

來西洋劍術家也是武術家。

　　在圖 3-3 至圖 3-4 中，我就運用正門標指破壞了弟子胡鍼杰準備對我實施抱摔的企圖。眾所周知，節省體力和保持肌肉的靈活性，能夠加快出擊速度。然而，大多數無經驗的研修者常犯的錯誤就在於操之過急，為了儘快地結束格鬥而不顧一切地向前逼進，並加快運動的速度。可是這樣做的結果只能是欲速而不達。因為緊張造成的不必要的肌肉收縮會起到制動作用，降低了速度，消耗了體力。一般運動員處於自由和放鬆狀態下進行運動時，要比極力強迫和驅使自己進行運動時發揮得好。

　　圖 3-5 演示的是內門標指。圖 3-6 是內門標指的俯拍圖。圖 3-7 則是俯拍演示針對陪練前手直衝捶的標指反擊。

　　圖 3-8 是我運用外門標指襲擊弟子 Matt。圖 3-9 為外門標指俯拍圖。圖 3-10 透過俯拍演示針對陪練後手直衝捶的標指反擊。

圖 3-6　　　　　圖 3-7　　　　　圖 3-8

圖 3-9　　　　　圖 3-10　　　　　圖 3-11

在圖 3-11 中，我在後
手拍手防禦的同時，以前
手反手標指襲擊弟子 Matt
的咽喉要害。在圖 3-12
中，面對企圖抱摔我的對
手，我直接施以反手標指
制敵。

圖 3-12

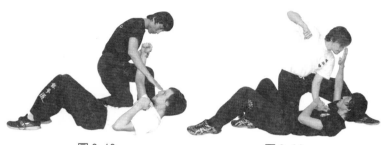

圖 3-13　　　　　　　　　　圖 3-14

圖 3-15

在圖 3-13 中，我騎乘控制對手時可以標指直接攻擊對手。反之，在圖 3-14 至圖 3-15 中我被對手騎乘時，可以控制其手臂，同時以標指攻擊其眼睛或咽喉。當我被對手於背後摟抱時，可向後針對其眼部直接發起標指攻擊。

標指由彎曲四指第二關節，形成插捶，這種李小龍師祖學自「蔡李佛」的技術是擊打對手的咽喉（圖 3-16）及軟肋（圖 3-17）的理想手型。這個技術可以相對解決標指攻擊硬度的不足，因為手指關節一旦擊打到如額頭等

圖 3-16

圖 3-17

硬的部位時，挫傷的可能性是很大的。所以，標指的手型
是手指略微彎曲的，這點很重要。

拂指類似掛捶的標指，即使手
臂垂下，甚至插進褲兜裏時也能快
速攻擊，這種發力模式源於傳統
功夫詠春拳的拂手。圖 3-18 至圖
3-24 中演示的是「聽聲辨位」，根
據陪練者發出的聲音，研修者採用
拂指擊打聲音發出的位置，當然在

圖 3-18

圖 3-19

圖 3-20

圖 3-21

圖 3-22

圖 3-23　　　　　　　　　　圖 3-24

這個過程中，視覺起到了一定的作用，畢竟由聲音判斷的只是大概方向，具體位置還需要眼睛來確定。

　　標指除了以刺拳的形式打出外，還可以運用上擊拳、鏟鈎捶、掛捶，甚至螺旋鈎捶等技術的攻擊路線及角度打出「千變萬化」的標指。這些變化針對的目標多為咽喉，較之眼睛，咽喉更難抵禦這種指部技術。「刺蝟理論」是個有意思的動物局部爭強的特例。刺蝟是種小動物，夾在各種猛獸中，處境危險，唯有集中力量，用針刺老虎的眼睛才能生存。就像標指，一個瘦弱的人對付一個強壯的人，看似毫無勝算。只能動用「核武器」，手指對眼珠而言，就是「原子彈」。研修者用自己的手指和對手的手指爭強，未必占上風，但是研修者用自己的手指和對手的眼睛一比，高低立判。截拳道在初級階段從嚴格意義上來說屬於防身自衛術，與擂臺上的拳擊、搏擊、綜合格鬥等有著本質的區別，其顯著特色之一就是沒有放棄擊打要害。

　　標指攻防兼備，攻勢凌厲，承擔防禦任務時也不遜色，左手以標手防禦的同時，右手可以標指反擊。

　　因為標指在實戰中沒有可實踐性，所以我們編排出了很多的訓練方法來練習，畢竟這種技術幾乎不可能有機會在真實的格鬥中實踐。其實很多街頭防身成功的案例，以及很多見義勇為的案例，都不是以踢襠、插眼制服對手的。我研究過踢襠插眼，也學習過，但是我不鼓勵這種行為，教給女性防身，不妥。女性被歹徒一罵就懵了，一巴掌就擊暈了，此舉還不如老老實實地帶上拳套，打些可操作的拳拳到肉的實戰，關鍵時候保命還靠這個。許多民間武術招式只是徒有招式，沒辦法模擬實戰，不具備可操作形式，即使使用護目鏡、安全護襠等保護用具也是不妥的。這些招式對於有些格鬥對抗經驗的人或許有用，但對於普通人來說，效果甚微。

　　圖3-25至圖3-28演示的是練習擊打紙靶。紙靶是練習標指的首選，研修者也可以使用膠帶、剪刀來製作多角度紙靶。

　　格鬥雙方處於同樣距離時，研修者使用標指進攻對手，較之握拳擊打對手，更容易得手。因為使用標指會使

圖 3-25

圖 3-26

圖 3-27

圖 3-28

雙方距離縮短一些。和其他技巧動作一樣，標指的訓練必須是在研修者精力充沛時進行。因為人在疲勞時，必然會以懶散的動作去完成訓練。如果這樣持續地以拖逻動作進行訓練，就會妨礙技術熟練程度的提高。因此，當研修者一旦感到疲勞時，就應停止技術訓練，而改做耐力訓練。

圖 3-29 展示的是陪練手持用紙裁剪的面具紙靶。製作面具紙靶，突出雙眼即可，陪練雙手將面具置於面前。圖 3-30 至圖 3-33 演示的是我尋機推步，以標指迅捷攻擊這個紙靶，圖片中隱藏了很多的技術秘密。直線拳系都是手先於身體和步法而動，這是隱蔽出擊的要訣，可以看

圖 3-29

出我在前腳落地前完成了標指的擊打動作。這個技術在截拳道體系中稱為「推步標指」。

這是典型的西洋劍原理在截拳道中的成功運用，在戰術層面，屬於截拳道簡單直接攻擊法戰術範疇。在技術方面，按照截拳道「長兵近取」的原理，要求

圖 3-30

圖 3-31

圖 3-32

圖 3-33

研修者堅決果斷、隱蔽快速、直接準確地於遠距離攻擊目標，此乃截拳道「無影拳」技巧之一。

有一次我在某網路平臺講解無影拳技巧時，就有網友留言：李小龍的速度你學的來嗎？我也毫不客氣地回答：學不來，得練！

練習紙靶會使你充分放鬆，你不會面對一張紙而緊張過度，但是也不要每一擊都將紙靶擊透，畢竟連續地製作紙靶會耽誤你的訓練時間。這種李小龍喜歡的練習方式適合初學者及各個階段的研修者。

陪練可佩戴護目鏡配合研修者練習，如圖 3–34 至圖 3–38 中演示的動作，這個練習比紙靶練習更接近實戰。圖 3–39 至圖 3–42 則是一組防禦反擊的示範，弟子 Matt 舉拳欲擊，我後發先至，截擊其攻擊。只要你願意，生活中到處都是練習的機會，到處都是練習的器具。在

圖 3–34

圖 3–35

圖 3–36

圖 3–37

圖 3–38

圖 3-39　　　　　　　　圖 3-40

圖 3-41　　　　　　　　圖 3-42

武館裏隨處可見的護頭，在 Matt 手裏它就成了移動的頭
部，給我製造攻擊難度。圖 3-43 至圖 3-46 演示的是我
在移動中伺機發動標指攻擊。要想擊倒對手，無論是採用

圖 3-43　　　　　　　　圖 3-44

圖 3–45　　　　　　　　圖 3–46

標指戳擊、拳打或腳踢，進攻速度都是至關重要的。你的進攻速度必須超過對手，牽著他的鼻子走。速度和時機要默契配合，應能自如地加快或放慢動作，從而支配對手的節奏。另一種方法是建立一種自然的節奏，並當對手的動作開始變慢，顯得沒有生機時，研修者可突然發起進攻。突擊之前手指應自然伸直，打擊的路線應與自己的鼻子呈水平直線，不要在上盤區域出現空檔。

　　研修者能否把握住時機，直接關係到進攻和防守的成敗。進攻和反擊都應發生在對手處於無能為力狀態的時候。當對手全神貫注於準備進攻或暫時地集中更多的注意力於進攻而不是防守的情況下，研修者應該進攻。其他的有利時機是當對手缺乏靈活性時，如在交手中對手攻擊落空後發起攻擊或改變攻擊時，以及對手正處於運動之中（前進、後退或肩並肩）時，研修者都可攻擊他。因為在完成一個動作之前，對手是不會憑直覺轉換方向的。培養一種能察覺對手最薄弱時刻的洞察力需要花費大量的精力去練習，而且還要學會不被聰明的對手所製造的假象和假

節奏所欺騙。

　　我跟 Matt 拍攝本書部分章節時是比較難的，他有美國人的隨性，他喜歡穿 T 恤訓練，他把拍攝也當成訓練了。他兒時有幸跟隨埃德‧派克大師學習過肯波空手道，而伊魯山度、李愷、傑瑞‧泡提特等人在跟隨李小龍師祖之前，都曾是埃德‧派克大師的空手道弟子。

　　標指也具備一定的防禦功用。在詠春中有「標指破衝捶」的對練。肘底標指如穿針引線般循環不息，可自下而上地「以直破直」或「以直破橫」。如圖 3-47 至圖 3-49演示的是我運用「以直破橫」對抗弟子孫旌杰的拍手防禦

圖 3-47

圖 3-48

圖 3-49

圖 3-50　　　　　　　　圖 3-51

動作。圖 3-50 至圖 3-51 演示的是我用前手標指攻擊弟
子胡鋮杰，眼明的讀者已經看到我的後手也呈標指狀，只
是此時後手承擔的是防禦的任務。很多時候，迫於需要，
研修者也會打出後手標指。

　　李小龍師祖生性坦率，在各種不同的場合示範過標
指，有的是拍攝電影的需要，有的則是宣揚截拳道的熱情
所致。以往留下的資料可以顯示李小龍因拍攝需要與導演
高羅斯在《龍爭虎鬥》片場設計武打動作時展現的標指出
擊，猶如一把利劍刺出。他在功夫巨片《龍爭虎鬥》拍攝
之餘演練單指標指的留影，以及他為古裝扮相拍攝圖片時
展示的標指之「二龍戲珠」，這些照片資料在今天看來都
是彌足珍貴的。

　　多才多藝的李小龍師祖還留下了多幅美術作品，其中
有一幅他在大學時代手繪的古裝武士的圖中就有單手擒腕
插眼動作圖示。這幅作品被他的一位大學老師所收藏。另
外，師祖在武學筆記中也有標指攻擊眼部的記載。

　　標指不只是在搶攻中佔據優勢，在防守反擊中也是常

用技術，如內門拍手標指，連消帶打，即封即打，攻防合一。李小龍師祖保留很多關於標指的練習及其用法，這個在「五門消打」中體現得較為突出。例如「標打」——這個術語在巴斯蒂羅師父的講習會中出現多次，以後我會在下部書稿中專門詳細介紹「五門消打」。

在巴斯蒂羅師父 2009 年來南京講拳之前，內地相關的中文專著及教學中都將「標打」誤稱為「攤打」，可見，追根溯源的重要性。

很多練習傳統武術久的人自恃其技術體系比現代搏擊豐富，其實無非是沒有規則而已。歸根結底是他們對現代搏擊不夠瞭解，所以經常出現長時間的誤判。舉個簡單的例子，你的刺拳碰不到人家的頭，憑什麼拳頭換成標指就能戳到眼睛，你可能會認為手指張開加長了攻擊距離，但是，拳壇不乏身矮臂短者戰勝身高臂長者的案例。

李小龍師祖作為武術大宗師對中國武術的貢獻是巨大的，影響也是深遠的。毋庸置疑，李小龍師祖並未得到截拳道的全部，後來的追隨者對其所傳也愈演愈烈，這其中不乏推陳出新之處，起碼他們會告訴我們該怎麼正確對待李小龍師祖個人風格絕技的研修，這裏面的積極意義還是存在的。

研修「精武指」應利用自身的智慧與理解力對功夫產生頓悟，而不單單是靠動作的積累，更非盲目的嘗試。研修「精武指」不應只局限於「精武指」這一個圈子中，而應該走出圈外，正視其他拳藝的研修，然後，再反過來重新審視「精武指」，此不僅為「技」，亦為「道」。

第二節　化劍爲拳

——前手直衝捶

很多截拳道界的權威者都反覆強調，直線拳法是格鬥中最經典的技藝。據西方有關資料顯示，直拳在拳擊中比勾拳出現得要晚，這是時代進步的產物。截拳道的技術，也是以直線拳系爲主，兼顧了弧線打擊和垂直打擊的動作。我們一般將直衝捶直接稱爲衝捶，衝捶分前手和後手，這裏我有必要多花些篇幅講解前手衝捶——這個手部技術的中堅骨幹。

有資料表明，西洋拳的直拳源於擊劍的直刺，李小龍的前手衝捶也脫胎於擊劍的直刺，可謂化劍爲拳。我講的「脫胎」是指內在，而非外形。我一直想效仿我的義兄溫里安的寫作風格，所以，寫這本書我在起名上費了些腦筋，「化劍爲拳」「以拳代劍」「脫劍化拳」……想過好幾個名字，都有些故事可以講。這裏需要說明，李小龍師祖的前手衝捶與後手衝捶是有本質區別的，不同於拳擊的前手直拳與後手直拳的關係。

有一段時期，拳擊受擊劍影響很大。無疑，李小龍師祖的前手衝捶來源於擊劍的「終極一刺」的靈感，但是其發力原理主要源自拳擊，畢竟拳頭和劍尖不同，劍尖以速度和準度爲主，拳頭還需要發力蓄勢的「火藥庫」作後備。另外就是包括詠春拳在內的中國功夫也爲「核心一擊」的

前手衝捶發力提供了很多有價值的參考。因此，可以說擊劍、拳擊、功夫在前手衝捶技術中的作用是缺一不可的。

在拍攝衝捶圖片時，我試圖從各個角度拍攝動作以助研修者更直接地理解這個核心技術。圖 3-52 至圖 3-54 是衝捶正面示範，可以從圖中看出拳頭從我自身椿架的中心線打出，而非從肩部為擊打起點。

圖 3-55 至圖 3-57 是前手衝捶側面示範，透過圖示可以看出我的雙腳站位攻擊線與前鋒手瞄準線呈一平行線

圖 3-52　　　　　圖 3-53　　　　　圖 3-54

圖 3-55　　　　　圖 3-56　　　　　圖 3-57

排列，形成一條「李小龍式」前手衝捶所特有的力量線。

　　圖 3-58 至圖 3-63 則是從兩個斜角度來示範該動作。我的雙腳站位遵循前腳腳尖與後腳足弓在攻擊線上的結構，兩肩一臂呈一條直線出擊，反作用力由後腳到達地面。

　　圖 3-64 至圖 3-69 和圖 3-70 至圖 3-73 透過俯拍及側面多角度拍攝，讓研修者可以直接觀察我的前手衝捶出擊時身體的角度轉動細節，肩部和髖部與攻擊線呈一直線

圖 3-58　　　　　圖 3-59　　　　　圖 3-60

圖 3-61　　　　　圖 3-62　　　　　圖 3-63

圖 3-64　　　　圖 3-65　　　　圖 3-66

圖 3-67　　圖 3-68　　圖 3-69　　圖 3-70

圖 3-71　　　　圖 3-72　　　　圖 3-73

結構。「一直線」這個說法在李小龍師祖《截拳道之道》中有論述。眾所周知，《截拳道之道》是由李小龍師祖個人筆記整理而成，該書主編是巴斯蒂羅和伊魯山度合辦的「菲律賓短棍學院」的學生。這部截拳道源頭之作的出版得到了伊魯山度師傅的全力幫助，後來的版本中也增加了巴斯蒂羅師父的推薦言論，也是我重複推薦給門人弟子的讀物。

圖 3–74 至圖 3–78 是我示範前手衝捶上半身動作的特寫。這個時候可以看出我的前手動作完成時收呈 30 度

立拳，而非垂直豎立的「日」字狀，這時小臂尺骨和橈骨呈平行狀態，是最佳的受力結構。這個拳型角度其實與擺樁時的拳型角度是不謀而合的，符合「簡單、直接」的原則。立拳的最佳受力點是中指、無名指和小指的三個拳峰。

這裏我需要再囉嗦一下，關於截拳道的

圖 3-74

術語我盡量根據李小龍師祖筆記中的中文記

圖 3-75

圖 3-76

圖 3-77

圖 3-78

載來對照選用，這樣讀者朋友們可不做過多糾結。

在截拳道中，直線拳系都是手先於身體而動，隨即肩髖轉動，重心移動伴隨其中。圖 3-79 至圖 3-83 的動作示範就是在詮釋這個原理。這個動作就像火車原理一樣，火車頭先動，帶動車身，反過來，車身的慣性又給了火車頭前進的動力。身體也是，拳頭引出身體，身體追趕拳頭節節貫穿，層層推動，爆發出隱蔽強勁的一拳。關於「火車頭」的比喻，是我大二時去杭州學習時，聽陳鶴皋老師

圖 3-79　　　　　　圖 3-80　　　　　　圖 3-81

圖 3-82　　　　　　　　　圖 3-83

講解兵器時做的一個比喻。當時我特別迷戀雙節棍，想解決雙節棍實戰中卸力的問題，在網上看到無限制雙節棍技術，就跟父母要了學費前往。陳鶴皋老師在武術界爭議很大，我們這裏只論收穫來源，不談是非之爭。他有坦誠教我，這就夠了。雙節棍的一些手部先動的動作，以手領先，肘部催動，需要些傳統武術類似詠春拳的基本功打底。

徐皓峰老師在《逝去的武林》中寫道：「形意拳的練法和打法迥然不同。比如，練法以身推肩，以肩推肘，以肘推手……而打法則先要將手像鞭子一樣甩出去，再以肘追手，以肩追肘，以身追肩……」徐老師是大家，一個「推」字，一個「追」字，道出拳學真諦，正如他在另一部《坐看重圍》書中所言：「天道不獨秘！李小龍師祖從擊劍中悟到的，中國古拳早已有之，每個人都是換個法子獲得自己想要的，但絕無獨得。」

我是徐皓峰老師的書迷，他執導的影片《師父》首映時，我也有幸見過，但是徐老師書中很多言論我不是特別認同。上述我摘一些他的文字確讓我有很多共鳴，也許是年齡、地理及層面的問題，我沒有徐老師那麼多的境遇，但是不管怎麼說，他的書都是我書房請的上客。

前手衝捶擊打時還存在角度，圖 3-84 展示的垂直立拳和圖 3-85 展示的螺旋拳現已成為流行的擊打手型。平拳是拳擊中常用的打法，在我的截

圖 3-84

圖 3-85

圖 3-86

圖 3-87

圖 3-88

拳道教學中平拳也是出現頻率最高的拳型。螺旋拳的形式
在李小龍師祖的手稿中出現過，師祖直接把拳擊圖手繪成
他心中的方式。

　　圖 3-86 至圖 3-88 展示的這種拳型可以有效地防止
對手的交叉拳反擊。這種拳型出擊時肘部是外翻的，這樣
就把對手的交叉拳擋在了外面，而且後護手立於下巴前
方，安全係數較高，是較為保險的直衝捶打法，可謂前後
手均能適用。有時後護手會置於側肋，用以防止對手的鏟
捶及鈎捶的反擊。

　　推步是最常出現在直線拳系中的步法，手比腳先動，

前手在接觸目標後，前腳跟與後腳依次著地。其中前推步主要是藉助後腳蹬地的力量。有一次，葉準老師的公子葉港超師傅在我武館開壇講學，他也是葉問宗師的嫡孫，他講到「腰馬合一」時講得很細緻，還是「天道不獨秘」，怎麼將推步的後腳推力節節貫穿全身，這就需要「腰馬合一」的基礎。也就是這時候，我開始有機會對久仰的詠春拳有了瞭解的機會，給傳統披個現代搏擊外衣，或許可以給其新生。這也引起我的思考，那麼，20 世紀六七十年代的截拳道算不算傳統武術？對於傳統截拳道和現代截拳道來說，何為傳統？何為現代？

冷兵器的速度、準度、力度可以由兵器本身完成，但是徒手擊打不一樣。截拳道的推步雖源於擊劍，但是從擺樁站位到推步起動以及發力，兩者都有本質的區別。

從圖 3-89 至圖 3-91 中的動作順序可以看出徒手擊打的一系列動作，如擺樁、重心保持微微律動、手先動、前腳離地前行、後腳推動（提取地面的反作用力產生動力並隨慣性追進）、轉動腰馬、前拳接觸目標、前腳腳跟著地、後腳著地等。圖 3-92 至圖 3-95 演示的是推步衝捶擊打手靶，大家可以從圖中看到我的手臂在拳面接觸目標瞬間是彎曲的狀態，這為後續發力提供了距離空間，但是我的弟子畢春洋在拍攝中始終沒有抓住這個細節，這裏有些欠缺，需靠文字彌

圖 3-89

補。在這組動作中推步的作用特別明顯，除了依靠慣性有
助於發力，大幅度的近身也是得手的關鍵。後來畢春洋去

圖 3-90　　　　　　　　　　　　圖 3-91

圖 3-92　　　　　　　　　　　　圖 3-93

圖 3-94　　　　　　　　　　　　圖 3-95

德國攻讀博士，以致很多圖片我也不習慣別人補拍便作罷，留下遺憾。但是後來他在德國波恩大學開課，校內官網可選原本截拳道課程，也算是給國內拳道同仁長臉。截拳道終究是中國的東西，還是中國人傳出去比較體面。

為什麼手先動？我們可以對比一下，手部體積較小，不易被對手察覺，軀幹面積較大，尤其是在由一定距離才能擊打到對方的前提下，軀幹先轉動，等於提前暗示了對方。

擺樁中前鋒手的正確擺放也為前手推步衝捶的成功埋下了伏筆，前鋒手應位於鼻尖下方略低於肩部的高度。大家現在可以做個小的實驗，你能看到你鼻子下面嗎？這個就是視覺盲區，李小龍師祖有效地利用了視覺盲區的原理，將拳頭隱藏得更深。當然沒有絕對的盲區，研修者要智者見智。

配合步法的前手衝捶，多為前腳掌著地，這時研修者常處機動、變化之中。當前腳跟著地時往往勢大力沉，當然這種攻擊一旦發動，機動性和靈活性就有部分抵消，還是那句老話「運用之妙，存乎一心」，心境也是由功夫決定的。

前手衝捶主要是借鑒了推步的前衝慣性，其次是轉馬調髖的水平旋轉力量，這些動作成功的關鍵在於研修者手臂須如彈簧般快速伸縮，強力出擊。

研修者可透過陪練持靶配合練習前手衝捶，正確的持靶方式如圖 3-96 至圖 3-98 所示。持靶者的腕部請勿彎曲，手肘放鬆，垂直向下，在研修者打中目標的瞬間，持

圖 3-96　　　　　　　　　　圖 3-97

圖 3-98　　　　　　　　　　圖 3-99

靶者將上肢繃緊，並隨著肩髖轉動前迎，增加持靶的力量。中位直衝捶的練習可以採用雙手持靶，在研修者擊靶前雙靶略有距離，擊打的瞬間後靶撞擊前靶來增加研修者擊打的阻力，爆發出更大的力量。

　　研修者可以利用直衝捶長短、節奏、角度不一的變化去試探對手，再行打擊。圖 3-99 至圖 3-107 為弟子雍坦配合我做了一個完成前手衝捶擊打後快速後撤的示範，這裏除了後撤步，我還要請研修者仔細觀察我手部收回的路線——直發直收，很多人認為弧線的回收從理論上是比直

圖 3-100

圖 3-101

圖 3-102

圖 3-103

圖 3-104

圖 3-105

圖 3-106　　　　　　　　　　　圖 3-107

線更快捷，但這僅僅是視覺效果，實踐並非完全如此，因為這個弧線回收動作基本是以手部為先導，而直發直收往往由肘部主導動作，這是回收快慢有別的原因所在。

　　衝捶遭對手拍擊後沿弧線回收便於接掛捶打擊，李小龍師祖認為「無戰術目的的下垂回收易遭對方打擊，因為沒有選擇最快捷的方式回到攻守兼備的姿勢上」。網上很多視訊中的師傅的前手衝捶打完有拳頭下垂、弧線回收的習慣。我建議，大家可以看看詠春拳的日字連環衝捶擊打後的回收路線。如果研修者的前手直衝捶在放鬆狀態下出擊，擊中目標，攥緊拳頭，隨即放鬆，放鬆後的手臂此時還處於直臂狀態，會自然下落，這時回收路線也就呈弧線狀，這是發力中鬆緊轉換的處理，當然就實戰而言，還要看自己水準的高低了。

　　李小龍師祖在電影中有頗多沿弧線回收手部的示範，我愚意以為，這樣在動作擊打後手不會擋住攝影機拍攝到男主角的面部，這是一種影視拍攝的需要，作為動作指導的李小龍師祖自然清楚，並嫻熟運用之。

　　除了進步衝捶與撤步衝捶外，衝捶還有從對手外門或內門攻入的角度變化，屬於攻擊五法中的簡單角度攻擊的

範疇。圖 3-108 至圖 3-112 示範的是我從弟子雍坦的內門打入的前手衝捶，各位明眼者可以看出我的手部動作早過步法角度的處理。

　　圖 3-113 至圖 3-117 示範的則是我從弟子雍坦的外門打入，不管從哪個方向打入，其原理基本一致，大家要

圖 3-108　　　　　　　　　　圖 3-109

圖 3-110　　　　　　　　　　圖 3-111

圖 3-112　　　　　　　　　　圖 3-113

圖 3-114

圖 3-115

圖 3-116

圖 3-117

舉一反三。兩點之間直線最短是永遠不變的真理，這也是
截拳道的「經濟線原理」。但是我在這裏提醒大家，直線
最短，但是直線動作不一定最快，這很有意思。至精至簡
是技術發展的前提，雖然精簡是前提，但是精通才是目
的。當然精簡到精通之間唯一的途徑就是苦練。

　　這裏還是要向大家繼續推薦，紙靶是練習衝捶的好幫
手，如圖 3-118 中我的再傳弟子 Matt 配合我示範擊打紙
靶。他是我的弟子畢春洋的美國弟子，也是我認證的首位
美國師傅級截拳道教練。Matt 在美國學過肯波空手道，

圖 3-118

他小時候在學校多次見到埃德‧派克——李小龍師祖生前摯友。所以我關於肯波空手道的知識就來源於他,遺憾的是,他沒有跟埃德‧派克談及過李小龍師祖。我和Matt 相識時,兩位大師均已作古,時間就是這麼無情,誰也無法回到過往。

圖 3-119 至圖 3-120 示範的是,弟子胡鍼杰弓身來犯,準備對我實施抱摔,我直接以前手衝捶截擊其動作,而不是跟他比摔法纏鬥,這符合截拳道「簡單、直接、非傳統性」的原則。在圖 3-121 至圖 3-122 中,我的後護手呈標指狀進行防禦,以加強我的安全係數。

我再重複用推步直衝捶來強調一下隱蔽攻擊的要點。研修者在擺樁中保持了輕微的前後律動,前手就利用了身

圖 3-119

圖 3-120

圖 3–121   圖 3–122

體律動產生的重心前移的慣性而先於步法與身體而動，緊接著是一個爆發式的推步，前腳離地前衝，緊隨其後的是研修者為增加攻擊威力而轉髖、順肩，前手拳面接觸對手後前腳跟著地，最後才是後腳著地與前鋒手的屈臂回收。

　　這裏需要補充解釋的是爆發式推步不同於普通的推步，它為什麼能提供更多前衝的勢能和更遠的攻擊距離。可能很多截拳道研修者都搞不懂滑步與推步的區別，前滑步是前腳先動，前推步是後腳先行推動，利用重心迫使前腳滑出，其中微妙的區別可以僅僅先從前後腳的運動順序來區分。滑步可朝四面八方移動，推步也至少有四個方向的基本移動方式。而爆發式推步的要點在於後腳蹬地時直膝更加明顯，更具突發性，這個可能要言傳身教才好理解，書籍只是告訴大家一個結果。我對圖 3–123 至圖3–126 這組動作的拍攝不是太滿意，因為沒有把擊打完成後的「三點著陸」交代清楚。我示範的圖片是靜止的動作瞬間，研修者若能把靜止的動作看「動」了，也就看懂了，接著把「動」的動作看靜了，才更容易明白。

圖 3-123

圖 3-124

圖 3-125

圖 3-126

　　細心的讀者可能發現我沒有以單獨章節講述步法，步法在我的很多示範中已有提及。關於滑步，我平時教徒弟是朝四面八方的角度練習，正如中國傳統方位中的「四正四隅」，除了橫平豎直的前後左右四個方向的移動外，還有兩個斜前與兩個斜後方向的練習。

　　我細化的原因是便於弟子們掌握，我受兒時套路訓練的習慣影響較深，教學中弟子學不會我就分解教學，還學不會我就再分解，這個方法屢試不爽。

　　在拳法練習中，我建議打到九成力度，快要伸直時即可收回，研修者可以想想，如果你一拳打到對手，力量在

對手身上，如果這拳落空了，那麼力量就會作用在自己的肘上、肩上，長此以往，關節也吃不消。另外，出擊時手臂微屈，也有利於手臂快速回收。其實，打拳有時候像踢球，大部分時間在奔跑、傳球，進球也就半秒鐘而已。

平時的模擬實戰中，我們並不能保證每個動作都能有效地擊中目標，尤其是在師兄弟的訓練中，打空時有發生，因此，我們要遵循科學的訓練方法。另外，還有一點值得研修者注意，當我們的手臂完全放鬆下垂時，其實肘部不是完全伸直的，會保持一定的彈性，這個姿勢同樣適用於集全身勁力爆發於一點的衝捶中。

截拳道的前手刺拳也可以採用立拳的拳型進行擊打，作為前手衝捶的輔助練習之一，兼具了速度。刺拳也可採用平拳擊打的方式，可以作為標指的基本輔助練習。

我這裏加一張圖片，圖 3-127 是 2014 年《金陵晚報》記者採訪我的時候拍攝的。當時我在指導兩位弟子進行詠春拳的衝捶對練。這是一種培養衝捶力量向前的專一

圖 3-127

性的訓練方式。

　　有時候我確實不理解或做不到一些截拳道的技術，我就會用我以前所學的某些拳理，直接去套截拳道的技戰術，後來我發現如果每個動作之間結構和發力缺乏共性基因，是無法做到整體融合的。這個就像最早期的綜合格鬥，但現在的綜合格鬥是建立在一個樁架、一個模式下的，是有機的整體。其實，功夫都是好功夫，就看研修者的悟性了，琢磨透了自己，再琢磨透對手，這是一個見自己到見眾生的過程，最後所有技術都合乎拳理，天下的道理都是一樣的，這就到了見天地。這是王家衛《一代宗師》的臺詞，我是功夫片迷，也是武俠迷，市場上能找到的武俠小說，我有空就拿來看。拳有好壞，人有高低，習武就是見自己、見眾生、見天地的過程，先見了自己，再學會多聽、多看、多瞭解。金庸先生《天龍八部》裏的鳩摩智，就是用道家功力催動佛家功夫，也就是把一種武技的形式如同外衣般披在另一種武技身上，從而走火入魔的。其實他本可找出共性，融會貫通就好。他缺少些李小龍師祖的創拳精神，假設他能學學李小龍，他就可以破局而生。可惜，金庸老爺子寫的鳩摩智生在李小龍師祖之前，我們寫書可以信馬由韁，但是人生真的不能天馬行空。這裏說一下，金庸老爺子也寫過關於李小龍師祖的文章，有興趣的讀者不妨找來一讀。

　　有的研修者看到我以如此大的篇幅介紹前手衝捶這一個動作，心裏可能會產生壓力和疑惑，這樣練下去什麼時候是個頭？

我想對研修者說，在你剛學截拳道時，「一拳就是一拳」，無法明瞭其中的變化。今天我在書中剖析的是我多年的研修心得，讓各位感覺一拳的千變萬化，即「一拳不再是一拳」，至於「一拳就是一拳罷了」的「化繁為簡」「返璞歸真」，請研修者自行體悟吧。

　　最後把《士兵突擊》中的一句話送給大家，「想到和得到之間，還有兩個字——做到」。先做起來吧，千里之行始於足下，不積跬步無以至千里，還是那句話「精簡、精煉、直至精通」，一切的關卡都是師祖的考驗，相信自己。

第三節　後手交叉衝捶

　　後手衝捶又名後手交叉衝捶，交叉的來歷有兩個說法，一是後手超過了前手呈兩臂交叉狀態出擊，二是指反擊時手臂和對方的手臂交叉。前者是技術，後者是技術的戰術實際運用。

　　關於「衝捶」這個術語，來源於李小龍師祖的筆記。很長時間我都用「直衝捶」來命名，偶爾，我也會口誤或筆誤，實在是因為難以更改習慣的緣故。前手衝捶來源於擊劍，後手衝捶則是取經於拳擊。

　　圖 3-128 至圖 3-132 示範的是擺樁到出拳完成的定勢動作，我的前腳離開了攻擊線，一來為了保持平衡，加大了雙腳橫向的支撐力；二來由斜上步使身體產生了前衝

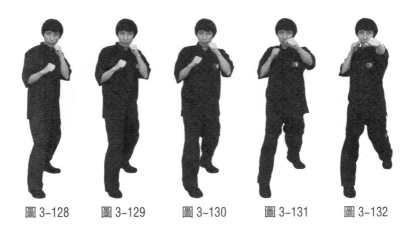

圖 3-128　　　圖 3-129　　　圖 3-130　　　圖 3-131　　　圖 3-132

的慣性，加大了直線出擊的力度。左面一側的拳面、肩、
胯、膝蓋、腳尖都沿攻擊線方向出擊，以保證力的整體性
發揮。這裏我將前腳橫向展開的動作稱之為「開樁」。

　　圖 3-133 至圖 3-137 是後手衝捶的側面演示，將身
體旋轉的力量傳導到拳面是發力的關鍵所在，這種拳法要
求拳面指關節包括腕部都具備一定的內部支撐能力。

　　圖 3-138 至圖 3-145 是從另一角度拍攝的後手衝捶
側面演示。

圖 3-133　　　　　　圖 3-134　　　　　　圖 3-135

圖 3-136

圖 3-137

圖 3-138

圖 3-139

圖 3-140

圖 3-141

圖 3-142

圖 3-143

圖 3-144　　　　　　　　　　　　圖 3-145

　　圖 3-146 至圖 3-149 則是以俯拍幫助讀者理解動作，請大家注意我的軀幹與攻擊線的角度，且後手是位於攻擊線的左側。

　　圖 3-150 至圖 3-152 是後手衝捶另一角度的圖示，一個發力的細節是，後腳不是單純的擰轉，而是在蹬地的同時進行旋轉，這樣可以有效地利用擊打前的地面反作用力及克服擊打後帶來的反作用力。做後手衝捶時拳峰、肩部、髖、膝、腳都要朝向同一個攻擊方向，這樣可突出力的整體性。

圖 3-146　　　　圖 3-147　　　　圖 3-148　　　　圖 3-149

圖 3-150　　　　　　圖 3-151　　　　　　圖 3-152

　　如果採用「腳尖對腳跟」的擺樁站位，雙腳站在攻擊線的兩側，以這個姿勢做後手衝捶時就不需要「開樁」來輔助，後手拳直接從攻擊線平行打出，所謂法無定法，這時的站位已經具備了橫向的支撐力，就不存在「開樁」的必要。

　　於較遠距離發出後手衝捶，這時前腳斜上的角度需更大，身體轉動幅度也略微加大。因後手衝捶距離目標較遠，故可在擊中對手之前不斷地增加打擊的衝力。

　　我個人很長一段時間偏愛 45 度拳型的打法，這種打法在擺樁時後手可直接發出，不需要旋轉便可如前手衝捶般直線擊出，這與前手衝捶的 30 度拳型原理一致，這裏不再重述。45 度拳型是李小龍師祖多次示範時用的拳型。這種拳型出擊時還有一個最大的優勢，就是減少了拳的旋轉，可以作為連擊的過渡動作的首選。

　　建議初學者可以嘗試以立拳擊打，這樣可防止「架肘」的不良習慣分散擊打力量。當研修者學會並掌握「墜肘」的擊打原理，再自由變化其他拳型，如立拳、斜拳、

平拳等均可因人而異。出拳時，小臂及腕部的旋轉可以保證拳法線路沿直線攻擊，就像子彈是螺旋射出一樣，螺旋增加了擊打力量。

後手衝捶不一定是與攻擊線平行的直線擊打，比如當對手在受到研修者前手衝捶的擊打後向左右閃躲時，研修者也可朝目標隨時發出後手衝捶。

我在圖 3-153 至圖 3- 157 中演示的後手衝捶追擊的角度就如雷達般鎖定弟子雍坦，並呈左右傾斜角度擊打。這種拳法介於衝捶與栽捶之間，栽捶我會在以後的書中跟大家做系統分享。

初學者在練習中為了防止架肘的毛病，可以貼牆練習出拳。

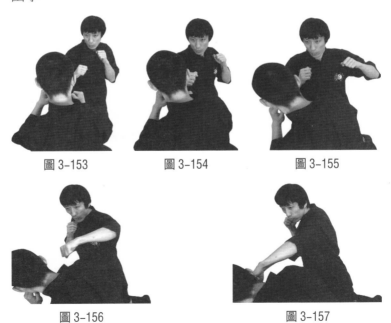

圖 3-153   圖 3-154   圖 3-155

圖 3-156   圖 3-157

　　後手衝捶可衍生出後手中位衝捶，在圖 3–158 至圖 3–161 的示範中，我由前腳斜上步，使身體下沉轉動發拳對對手的腹部進行擊打。研修者要學會在移動中發出後手重擊，在移動過程中合理利用身體慣性，達到拳步一體的後手衝捶。

　　後手衝捶常犯錯誤動作如下：

　1.護手位置較低，前側防禦功能減弱；

　2.前腳過分外撇，致使作為軸轉的前腿不穩；

　3.拳擊路線偏離直線，重心失衡。

　　法無定法，研修者在後手衝捶出擊時可將頸部呈傾斜

圖 3–158

圖 3–159

圖 3–160

圖 3–161

狀，寓攻於防，打擊對手的同時，可防止對手直線反擊研修者的頭部。

圖 3-162

圖 3-163

圖 3-164

做左右連環直衝捶時，後手拳緊護下頜，離胸部 3～6 公分距離。

研修者可以體會下，當前手打出時，身體會向內轉，這時的後手拳會在原來位置的基礎上後移 15 公分左右，當然這個和刻意的後拉蓄勢是不同的，增加了擊打距離的後手直衝捶在發力時會獲得更多的加速度，進而更加沉重。

擺樁有兩種，一是腳尖對足弓；二是腳尖對腳跟。前者需要「開樁」，後者不需要。研修者可以對比這兩種擺樁姿勢在出拳時和前手出擊後，後手拳與目標的距離。

圖 3-162、圖 3-163 是後手衝捶擊打手靶的演示，而圖 3-164 依然是我頻繁推薦的紙靶的練習。

　　立拳不是後手衝捶的最佳擊打拳型，李小龍師祖的示範多為 45 度的斜拳。以立拳打出時，小臂的尺骨和橈骨並不是呈平行排列，顯然這不是最佳的受力結構，也有很多研修者採用螺旋式打法，肘部略架起，外翻，後手拳心朝向肘部外翻的方向，這時研修者的尺骨、橈骨與手骨的排列結構最為合理。我們在拳擊比賽，尤其是綜合格鬥的比賽中經常可以看到這種技術，運動員抬高的手臂和肩部有效地隱藏了下巴，同時抬起的肘部也會有效地預防對手的交叉拳反擊。李小龍師祖的實戰訓練很多是類似綜合格鬥的訓練的，幾乎類似裸拳的擊打，這些技術與戴著厚重拳套的拳擊技術有著一些區別。

第四節　鈎　捶

　　有過拳擊經歷的巴斯蒂羅師父對鈎捶有獨特的理解。《李小龍技擊法》原著書稿中的圖片由李小龍師祖與助教伊魯山度和弟子黃錦銘兩位配合示範，師祖逝世後，書稿由《黑帶》雜誌社出版發行。1992 年美國《黑帶》雜誌社組織拍攝了《李小龍技擊法》教學錄影帶，首先邀請了伊魯山度和黃錦銘兩位最具代表性的龍弟子參與拍攝，後來只有黃錦銘師傅參與了拍攝。黃錦銘師傅為了讓教學片拳法部分拍攝起來更加完美，就力薦其師兄巴斯蒂羅承擔拳法部分的示範。2009 年 5 月，巴斯蒂羅師父來到中國內地進行講拳。他是第一個來中國內地講授截拳道

的李小龍親傳弟子，也是第一位公開在內地舉辦講習會的截拳道大師，之後他在內地一共舉辦了 4 次講習會，每次幾乎雲集了內地所有截拳道館長及世界各地的愛好者，其影響至今猶在。加上國內愛好者持續赴美，巴斯蒂羅師父在國內的傳播較為系統。後來木村武之、李愷兩位龍弟子也陸續在內地舉辦了兩天的講習會，可惜都因為年事已高，他們只在內地進行了一次授課，僅有郝鋼師傅跟這兩位龍弟子都有過學習機緣，包括我在內的其他內地截拳道同仁就緣分太淺，可惜至極。之前我們將這種授課方式稱為「研討會」。2009 年 9 月，李愷師傅認為「講習會」更為貼切，國內就這樣統一開來了。

巴斯蒂羅師父在講授鈎錘時，為了讓大家快速掌握身體整體帶動手臂發力的要訣，讓兩位研修者面對面擺樁站立，以前側手臂相勾較力，藉由身體轉動，運用重心拉動對手，這其中有點套路化的訓練模式，其實是很有必要的。

很多人問我，截拳道有沒有套路，其實懂了套路，也就沒有套路了，套路僅僅是給不懂套路的人設定的。所謂形是意的載體，關鍵還是看套路能否轉化成有效的技術。

圖 3-165 至圖 3-177 示範的是水平弧線拳法，其實鈎捶是在身體重心後移的同時，由腰髖轉動產生的離心力，帶動手臂發出的。

圖 3-165

李小龍師祖在筆記中

將之比喻成一把鐵鈎，這也是李小龍師祖將其命名為「鈎
捶」而非「勾捶」的原因，這些都有原始筆記為證，感興
趣的愛好者可以自行查閱。

　　有時候研修者也會趁對手來不及反應時發出動作幅度

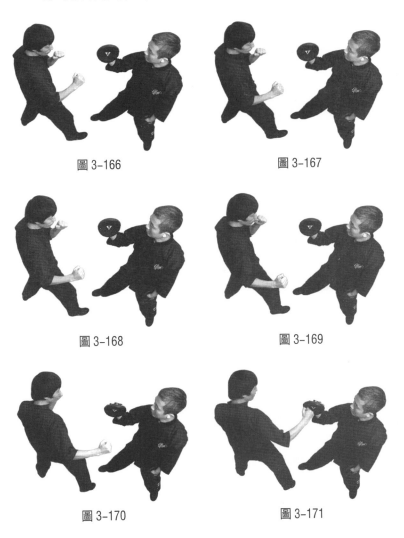

圖 3-166

圖 3-167

圖 3-168

圖 3-169

圖 3-170

圖 3-171

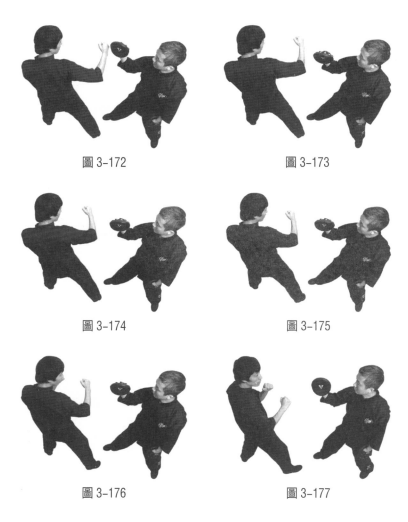

圖 3-172　　　　　　　　　　圖 3-173

圖 3-174　　　　　　　　　　圖 3-175

圖 3-176　　　　　　　　　　圖 3-177

較大的鈎捶，可謂「終極一擊」，往往是在對手已經遭到
重擊後的補擊，這些勢大力沉的攻擊往往給對手造成心理
上的壓力，這與「準鈎捶」及組合技術中的「過渡鈎捶」
有些微妙區別。腰髖轉動產生的離心力帶動手臂橫向水
平擊打的同時，雙腳向擊打方向平移，產生慣性可補充

圖 3-178

圖 3-179

擊打威力。在圖 3-178 至圖
3-180 的示範中，我的髖關
節向擊打方向轉動，這是截
拳道拳法的一個基本原則。
很多書中，包括現在翻譯
的李小龍師祖的書籍中，都
有「將前腳作為轉動軸或軸
心」的說法，我認為這個是

圖 3-180

翻譯錯誤或者是著書立說者的體悟錯誤。截拳道拳法中的
「軸轉」都是由重心線來完成的，前腳掌也好，後腳掌也
好，都是一個轉動支點，而非轉動軸，這個是目前我自己
的認識，也是我一直堅持的觀點。

　　研修者可以仔細觀察圖 3-181、圖 3-182 中鉤捶的
30 度拳型與下巴的角度是吻合的，這和截拳道的原始定
位是有關係的。李小龍師祖將截拳道定位為「科學的無限
制防身術」，這和我在直衝捶中講到的拳型道理是一致
的，這個只能算是發現，因為截拳道「非傳統、直接、

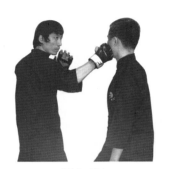

圖 3-181

圖 3-182

簡單」的三要素就決定了它的技術雛形。截拳道很多技術和擂臺技術相比有一個明顯區別，即裸拳練習技術，這和帶拳套的擊打方式有所區別，需要注意更多的技術細節

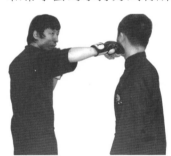

圖 3-183

來保護自己的擊打武器，而且鉤捶 30 度拳型和前手衝捶的 30 度拳型原理一致。鉤錘也有流行的如圖 3-183、圖 3-184 所示的平拳拳型，也有如圖 3-185、圖 3-186 中肘部外翻的螺旋拳型的擊打動作。

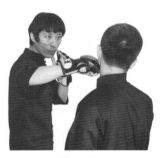

圖 3-184

圖 3-185

　　圖 3-187 至圖 3-189 是這三種拳型打靶落點。圖 3-190 至圖 3-195 是這三種拳型分別以前手與後手做鈎錘擊打時的示範。

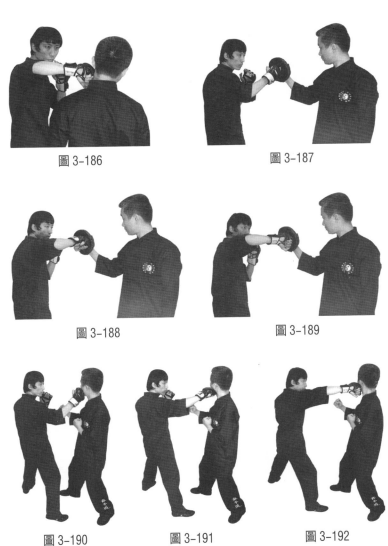

圖 3-186　　　　　　　　　　　　圖 3-187

圖 3-188　　　　　　　　　　　　圖 3-189

圖 3-190　　　　　圖 3-191　　　　　圖 3-192

圖 3-193

圖 3-194

圖 3-195

　　鈎捶的角度變化是最為豐富的，以肘為軸心，以拳為先導，如同萬向軸承般呈水平、30 度、螺旋變化。一個鈎捶拳型是由 360 度的順時針或逆時針的轉動來產生變化的。

圖 3-196

　　利用身法與步法的蓄勢來產生慣性可加大鈎錘的攻擊威力。在圖 3-196 至圖 3-206 的俯拍示範中，研修者可注意觀察我以擺椿姿勢發出鈎捶瞬間進行的直接的

圖 3-197

圖 3-198

側步移動，腳先向右側稍移動再向左側移動，這種變節奏的步法一來可以起到佯攻的效果，二來會產生更大的身體慣性來增強擊打威力。

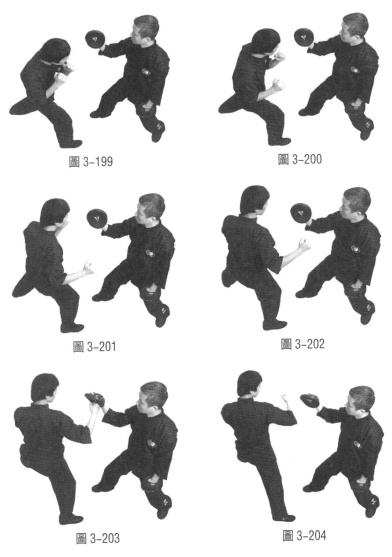

圖 3-199

圖 3-200

圖 3-201

圖 3-202

圖 3-203

圖 3-204

圖 3-205

圖 3-206

　　研修者在擊打手靶時，持靶者將靶面對著研修者的後肩，在研修者擊打瞬間，持靶者將靶面朝向研修者的前肩方向水平下壓，這時候手靶扮演的是一個「下巴」的角色，而下壓給了研修者擊打的阻力，可爆發出更大的力量。

　　有時候研修者可以發出肘部抬至水平的鉤捶。較為智慧的研修者也會發出肘部朝向斜下角度的鉤捶，用以防止對手的下潛搖避躲閃。

　　當研修者使用中位鉤捶擊打對手身體時，因為對手軀幹比頭部要寬大得多，所以研修者手臂向外揮動的幅度需要更大的揮灑空間來滿足。

　　圖 3-207 至圖 3-210 展示的螺旋鉤捶，可以這樣理解，我們用直拳方式沿直線發出鉤捶，有時候為了增加弧線系手法的速度，我們會加入直線系手法的發力特點；同樣的原理，有時候我們為了增加直線系手法的力度，也會加入弧線系手法的發力方式，這就是「法無定法」，「有法也空」。

在圖 3–211 至圖 3–216 的示範中，我運用了環繞步加軸轉來協助發力，這一組俯拍的圖片可以顯示出移動和擊打的角度。

圖 3–207

圖 3–208

圖 3–209

圖 3–210

圖 3–211

圖 3–212

圖 3-213　　　　　　　　　　圖 3-214

圖 3-215　　　　　　　　　　圖 3-216

　　我認為於近距離發出的鈎捶，如果在發力過程中以前腳掌為轉動支點，這樣相對安全，因為貼身近戰時對手很難起腿反擊。但是於遠距離防備對手踢擊時，可能會破壞研修者自身的平衡。比如，研修者在遠距離發動鈎捶，當前腳轉動時，對手以後腳鈎踢研修者的前腿外側，可順勢破壞其平衡。當然，我的很多認為僅僅是自己的研修體悟，至於大家認同與否，要看這些文字與大家見面之後的反應了。

　　化拳為掌——鈎掌，鈎掌發力與鈎捶相似。鈎掌除水

平擊打外，在出擊時，肘部略向下垂，這樣可防止擊打力度過大造成的反作用力傷及肘部，也可以有效地起到防止對手下潛躲閃。肘部的開合可以用來調節鉤掌在中近距離的攻擊變化。研修者可以體悟肘部與前腳垂直時發出的遠距離鉤掌，以及掌與前腳垂直時發出的近距離鉤掌。

研修者可以手持毛巾練習鉤掌，利用毛巾的運行軌跡來判斷動作的正確性及力的傳導是否順暢。

鉤掌亦可垂直擊打對手的襠部，這種打擊方式有時是腕部抖動手掌來發力的，這些技術嚴格來說統歸為「弧線拳系」。圖 3-217 中的鏟鉤錘就是在鉤捶中賦予了上擊拳的基因，根據我的體系來說，這都歸屬於弧線拳系。

正如「腿膝一理」一樣，這裏也是「拳肘一體」，圖 3-218 的鉤肘的發力與圖 3-219 的鉤捶何其相似，判斷任何一門技藝是否為有機整

圖 3-217

圖 3-218

圖 3-219

體而非簡單拼湊，就是看其各個動作間的發力原理是否一致，互為基礎，彼此成就。

圖 3-220 至圖 3-223 展示的是弟子 Matt 配合我示範的紙靶練習。當時拍攝圖片時我不知道這些圖片會在哪本書哪些章節出現，服裝看上去就跟本文其他圖片有些違和感，實在抱歉。

鈎捶在練習中也可能形成一些壞習慣，比如，開肘幅度過大，預兆太為明顯，這就給對手更多的可乘之機。黃錦銘師傅的認證教練麥克師傅曾推薦，用一條毛巾來控制

圖 3-220

圖 3-221

圖 3-222

圖 3-223

開肘的幅度。我有幸參加過幾次麥克師傅的課程，感覺非常棒。我覺得除了伊魯山度師傅必不可少外，黃錦銘師傅這一系對研究截拳道的人來說，不可忽視。

其實，在我心中稱為截拳道大師僅三人，巴斯蒂羅、伊魯山度、黃錦銘，但是在全世界截拳道人心中的大師卻只有兩人，那就是黃錦銘與伊魯山度。如果還要接著選，只能跳過龍弟子了，第二代中的中村賴永和湯米師傅，當之無愧！我在此預言，未來 15 年截拳道的代表人物一定是在國內，而且會紮堆出現。

有時候，鉤捶是直線技術久攻不下而採取的弧線攻擊，這就需要研修者繞開對方的正門防禦。這時，「開肘」的幅度就是角度擊打的關鍵所在，持靶者可以製造正前方的障礙，迫使初學者以「開肘」來採取弧線擊打。

對方雙手正門架擋，研修者以「開肘」作為擊打前奏。持靶者將兩個靶中的一個靶作為擊打靶，另一個靶作為障礙物，研修者擊打的路線首先要繞過這個障礙才能完成擊打。

鉤捶還有一種重擊技術，就是中位擊打對手肋部，這個簡單的動作，經過千錘百煉，就會具備靈動和多變。每多練習一次，肌肉的記憶就會加深一次，化後天為先天，形成本能反應，於瞬間完成完美一擊。中位鉤捶可謂「摧肋專家」的角色，我個人偏愛後手中位鉤捶，鏟捶也有類似的擊打效果，二者往往你中有我，我中有你，技術間的融合比較多。我在教學中多以「鏟鉤捶」稱之。後手鏟鉤捶也稱為「爆肝拳」，擊打效果立竿見影。

截拳道拳法技術中有個準則，直線系手法都是手部領先，弧線系手法是髖部先動，有些手部技術兼具「直線系」和「弧線系」的雙重特點，也就是「無法」與「有法」的變通關係，其中火候有待研修者自己靈活拿捏。

所有的技術都是經由血與汗得來的。我小時候，包括一直到現在特別喜歡武俠小說以及影視作品，裏面的高手都是一掌排山倒海，一劍取人首級於千里之外，非常不食人間煙火。我就想，我練成絕世武功，就可以「為所欲為」了。後來，我真打拳了，出汗多，吃苦多，被打得也多，真不如小時候讀武俠過癮。

有人說，張安邦，你講功夫頭頭是道，哪來的這麼多東西，這得拜多少師父，得多少真傳……其實全拜我農村的父母所賜，從民間到專業隊，再到學院派，他們為我付出了太多，別人說哪兒好，他們就把我送到那裏去。有時候我自己都沒學好，就又換了地方，好在大學四年堅持的最久的是圖書館和練功房。這個過程中吃虧很多，挨打不少，生理和心理都曾煎熬過。

尤其我研究李小龍師祖後，學功夫還要讀書，還要思考，還要流汗，還要打人，還要被人打，還要講究吃，講究穿，講究器械，挑選夥伴……功夫好的人肯定吃過苦，未必吃過大苦，但是以武為業還想有點成就，肯定是免不了大苦的。

很多人問我，練武還講究吃？是的，有一年我去北京見到了青城派的潘崇福道長，席間他說，吃不飽怎麼打拳！他本身就是最早的一批特級廚師之一，對於吃是特別

講究的，麒麟臂和八塊腹肌可不是吃五穀雜糧能練出來的。

第五節　掛　捶

圖 3-224 中展示的掛捶也是「直線拳系」的一種，由於其變化多端，大幅度的掛捶兼有「弧線拳系」的發力特點，但這個動作在拳擊中屬於犯規動作。

獲得過拳擊賽事銀手套的巴斯蒂羅師父，在一次晚宴上，跟一位有拳擊經歷的老前輩溝通時說，拳擊中的犯規動作，在截拳道中是合理的，比如掛捶。

近距離屈臂的掛捶擊打，可以沿水平、垂直或斜角度出擊，其中垂直還可上下兼施，也有衍生的大力掛捶，即大幅度的鞭捶，可以選擇拳峰，也可以使用拳輪。

圖 3- 225 是 2014 年 6 月我配合巴斯蒂羅師父開辦講習會做的示範。師父告誡大家掛捶不能使用拳背擊打，最好使用拳輪作為著力點，雖然大家都知道使用拳峰擊打，

圖 3-224

圖 3-225

但是這樣還是很容易誤傷手背。巴斯蒂羅師父說，他有一次在防衛中使用掛捶，擊打到了對方的頭骨，結果他的手骨比對方的頭骨傷得還重。我理解師父的告誡，這都是用血換來的經驗之談，是否也有中國人講的「一朝被蛇咬，十年怕井繩」之嫌，則是仁者見仁，智者見智了。

圖 3-226 至圖 3-229 演示的掛捶因為從遠距離發動攻擊，所以以旋轉的推步配合做隱蔽攻擊。

在截拳道中，我把掛捶歸為直線系拳法，作為衝捶的補充技術，它也是一種大的類別，可以「一拳化萬拳」，此處暫且不表。

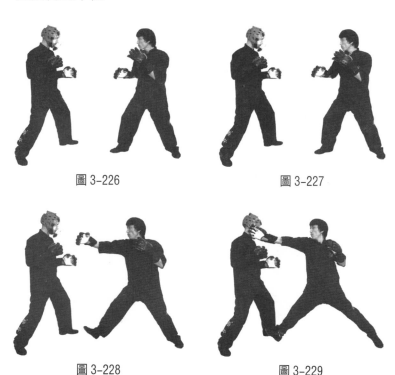

圖 3-226　　　　　　　圖 3-227

圖 3-228　　　　　　　圖 3-229

第六節　拳起於無形

——「無影拳」闡秘

　　自「李小龍研究界」出現了「李小龍個人風格絕技」之說以來，武術界對此褒貶不一。我這裏僅以探索和研究的態度，旨在闡述個人的一些學習心得，絕無繼續創造、演繹所謂「李小龍絕技」，徒增神秘色彩、嘩眾取寵的本意。謹以此與「李小龍研究界」各位同仁探討一二。

　　「功夫之王」李小龍師祖生前曾多次將其驚人武技化解為多類極具個人風格的單項絕技，並在眾多場合公開演示，「無影拳」便是其中之一。當然，這裏必須指出的是，截拳道中並無「無影拳」這一專用技術術語。實在是因為李小龍師祖出手太快，拳路無影跡可辨，常令眾多高手級人物在與之配合時猝不及防，中招而得其名，且廣為人知。其實「無影拳」是截拳道攻擊五法之簡單直接攻擊法（SDA）中部分技法的昇華和延續。

　　「無影拳」屬於簡單攻擊法，研修者從擺樁或自然體勢開始，直接無預示猝然出拳攻擊對方。李小龍師祖運用此法得心應手，真正做到了「拳打人不知」。因此，以此方式出拳，在截拳道中又被稱為「隱蔽出拳法」——即所謂的無預示出拳的隱蔽攻擊技能。

　　1967 年，李小龍師祖參加了由其摯友「美國跆拳道之父」李俊九主辦的「首屆冠軍賽事」，並做了精彩的現場

表演。當時由「擂臺悍將」維西・摩爾作為臨時搭檔,配合表演。由於李小龍對時機掌握得好,動作準確無誤、協調一致,從而完全控制了場上的主動。雖然李小龍師祖在事先講明了要攻擊的部位,維西・摩爾也做了必要的防禦動作(不能以手貼在該部位)的前提下,但維西・摩爾還是被李小龍師祖連續 5 次(還有一說是 8 次)突入其防禦圈內,且在其尚未反應之時即已中招。

李小龍師祖精彩的表演使得在場觀眾報以雷鳴般的掌聲。其中那毫無預示、精簡、快速、直接的出拳動作更令在場者皆瞠目結舌,所有人都為之嘖嘖稱奇,感歎他是如何練就如此高超的拳技!演示完畢,生性坦率的李小龍師祖即當場解析了他近身得手(進而發力)的奧秘所在。

李小龍師祖認為自己之所以能夠如此成功,不僅在於他有快速、敏捷的身手,而且更因為他有完美無瑕的隱蔽動作。所有和李小龍師祖同時代並有過接觸的人,包括美國七屆空手道冠軍得主查克・羅禮士都有這樣的感覺,如果以體重計算,李小龍肯定是世界上動作速度最快的人之一。另據一些與李小龍師祖同時代的「冠軍級」高手回憶,「我們有時甚至沒有看出什麼異常,自己已置於他(李小龍)手下了。」實際上他們看到的是當李小龍「身體前衝時,拳頭已擊中目標而後又抽回來了」,正是由於其完美無瑕的隱蔽動作與攻擊技法的巧妙配合才產生了出其不意的攻擊效果。相信目睹過李小龍師祖那一系列的連續出拳動作的人,肯定會發現,他的這些動作既自然、流暢,又優美、雅致,絕無半點不妥之處。在李小龍師祖離

開我們的數十年中，廣大的截拳道研修者一直在研究、探索這一絕技的真正核心所在，以期真正剖析出「無影拳」（隱蔽出拳法）的價值。今天，這問題的核心已不再是秘密，且已逐步為截拳道研修者所認識。

　　但是，要真正揭開這一絕技的奧秘，還必須從李小龍師祖研修世界武技，探索實戰真諦開始。當年李小龍師祖研修世界武技的首要目的就是為了瞭解各類武術流派的格鬥技藝及其訓練核心內容，以提取共性原理，從中得到創新之啟示，或取長補短。

　　在這個深入研究的過程中，李小龍師祖發現西洋擊劍這門古老的格鬥技藝蘊含了武道的共性原理、法則及精妙技法，並將其基因列入截拳道精華元素之一。西洋擊劍中的突刺技法，是一種劍的動作稍快於步法、重心變化的打法。此技顯著的優勢在於最大限度地減少攻擊的「預動」，從而有效地隱蔽攻擊意圖。身為武學奇才的李小龍師祖從中得到啟示，在截拳道的出拳中融合了西洋擊劍中不暴露攻擊意圖的特點，融會貫通，使之成為截拳道手部技術中直線攻擊技巧最明顯的特點之一。

　　李小龍師祖採納了西洋擊劍中的推步。這裏值得廣大截拳道研修者注意的是，在截拳道中運用「隱蔽出拳法」，也就是「無影拳」進行攻擊時，所需配合前進的步法不應是交叉步或跳步，而要用後腳推動的類似滑步那樣的步法向前爆發式突進。根據西洋擊劍的此種不暴露意圖的隱蔽出劍法，易劍為拳，按照手法的攻擊先於身體動作的原則，在有效的攻擊距離內，運用從截拳道開山拳

法——詠春拳中優選，並根據截拳道拳理而生的衝捶、掛捶及標指這些輕快的手部打法進行隱蔽式出拳攻擊時，即可使對手來不及閃避或阻擋而中招。當然，不可否認的是此亦為截拳道博採眾長的一面。

可以想像，當西洋擊劍選手向前突刺時，持劍之手的動作要稍快於步法，即持劍之手的小動作要先於身體移動的大動作，而且兩者並無發生脫節，即整體仍是一個動作。這樣，當西洋擊劍選手的手部小動作（突刺）已經完成並收回時，其身體才有明顯的大的前移。相對於那些常規的先移動身體，再做攻擊的動作而言，西洋擊劍選手的此種突刺技法可以有效地隱蔽攻擊意圖，留給對方反應的餘地相當小，往往是令對手始料不及的。也就是說，當對手發現攻擊者身體明顯移動時，已沒有足夠的時間供其反應，並採取相應措施了。

下面，讓我們化劍為拳，由西洋擊劍再回到「無影拳」上來。

眾所周知，西洋擊劍將置於前側的持劍之手作為攻擊武器，而我們又從截拳道中類似拳擊反架的擺樁中窺見西洋擊劍之影像——強側前置，二者似不謀而合，都是為縮短攻擊距離以及實現技術的突發運用做了伏筆。但在真實的格鬥中往往存在著一個事實，那就是想有效地攻擊到對手，不僅要隱蔽自己的攻擊動作，而且要能夠隨時準確地預想到對手的動作，李小龍師祖將這種能力稱之為「洞察力」。當然，要對對手的動作及時做出反應還是有法可依的，這往往依賴於對手身體（明顯且幅度較大）的無效運

動（攻擊預兆）的觀察來判斷，比如對手在出拳的同時，身體或腳只稍稍移動了一點，那麼他便暴露了他的企圖。而李小龍師祖在運用「隱蔽出拳法」進行攻擊時，為使出拳動作隱蔽，出拳時不僅要求精簡、規範，而且出拳動作要先於身法和步法動作而動。不難看出，截拳道這種出擊要領簡直與西洋擊劍的突刺技術不差分毫，唯有表象上截拳道以手代劍，使手部預兆較小的動作稍稍領先於身體重心變化、步法移動這樣預兆較大且易於暴露的輔助性攻擊動作。當然，在整個進攻過程中所有這些動作並未發生中斷或脫節。換言之，當對手發現我方身體移動時，領先的手部攻擊動作早已擊中了目標。如此便可達到「身體前衝時，拳頭早已擊中目標，而後又抽回來了」的幾乎使對手無法防禦的攻擊效果。

有一次我陪巴斯蒂羅師父就餐聊天時，他說，很長一段時間李小龍師父在空手道（泛指武術比賽）比賽現場做表演時，找一個自願與其交手的人都成了問題。由此可見，李小龍師祖對此種博採眾家之長而形成的無預示出拳的隱蔽攻擊技能的運用極為精熟。就連各類冠軍選手也害怕與他對壘，因為他們大都見識過其出拳於無影之中的高超技藝。

據李小龍師祖自己解釋：「使出拳隱蔽的訣竅還在於肢體的適度放鬆，但是要保持小幅度的擺動，手要鬆弛地揮出，這樣臂膀就不會繃緊，拳頭應在擊中目標前的一瞬間加力時才握緊。面向對手時應做到毫無表情，因為面部最細微的表情都會流露出意圖，使對方警覺起來。」

　　我寫的這篇關於「無影拳」的內容以前我大多在《拳擊與格鬥》雜誌上撰文做過披露，當時基本屬於自我摸索研究階段，盲人摸象的地方比較多。至 2009 年 5 月開始跟隨巴斯蒂羅師父學習後，他就不經意地告訴我很多功夫「秘訣」。我曾專門就「無影拳」請教於他。他提到一個細節，我這裏跟大家分享一下。師父問我：「安邦，你能看到你的鼻子下面嗎？」我低頭一看，腦海瞬間想到李小龍師祖的擺樁圖片。這裏再給各位讀者做一個提示，大家想想師祖的前鋒手是如何擺放的。

　　透過上述的層層分析，已經逐步揭開了所謂李小龍絕技——「無影拳」的奧秘，以供廣大截拳道研修者借鑒、研修。但最重要的是能夠付諸實踐，正如李小龍師祖所說過的那樣，「光有理論還不行，必須用於實踐；光有決心還不行，必須付諸行動。」正所謂「千里之行，始於足下」，任何一位格鬥高手神乎其技的招式，均由基礎技法衍化昇華而來。李小龍師祖也不例外，他的高超拳藝也無非是他經由對基礎技法的深入反覆磨練，最終提升至完美的運用程度而已。

　　誠然，掌握這一絕技的唯一方法就是經常進行「隱蔽出拳法」的攻擊技能練習。對此，研修者必須堅持有計劃，並長期、專注地進行練習，除此之外，並無其他捷徑可言。研修者平時必須多花些時間對基礎技術進行練習，使肌肉與神經緊密配合，以期建立起適應多種不同情況的自動化的瞬間的反應動作模式，如此，方能運用自如。

　　「無影拳」的訓練必須有計劃、有步驟、循序漸進地

進行。

　　練習之初始，是對空氣做影子拳練習，即空擊，這樣可以鞏固研修者的技法，以期培養出正確的動力定型，形成條件反射，在技術結構上儘量精簡，在練習中要儘量去掉多餘的動作；接著可進行擊影練習，由單人的假想對抗練習，可以使研修者在沒有陪練者的情況下依然能夠有新的進步，亦可用來提高訓練熱情；第三步是練習打紙靶，一張普通的白紙，會減少你出擊的恐懼，能讓你在訓練中全力以赴；最後用拳靶進行練習，如圖 3-330 至圖 3-333 所示。像練習快速打擊一樣，讓陪練者在你出拳擊打時突

圖 3-330　　　　　　　　　　圖 3-331

圖 3-332　　　　　　　　　　圖 3-333

然地移動拳靶，竭力使你的攻擊落空。與此同時，研修者在出拳前必須隱蔽意圖，動作要精簡、直接，讓陪練者難以及時移開手靶，這樣就可以鍛鍊研修者無預示出拳的隱蔽攻擊技能。練習技法的步驟可以掛捶為先，再接以標指（圖 3-334 至圖 3-336），最後練習衝捶。

　　這裏還有一種李小龍師祖流傳下來的練習方式——合掌遊戲（圖 3-337 至圖 3-341）。研修者可站在距離陪練者一臂加 10 ～ 20 公分遠的位置上，讓陪練者兩手分開約 20 公分，研修者出拳，從陪練者兩掌之間擊向他的身體或面部，但應注意不要讓陪練者的兩手掌夾住研修者

圖 3-334　　　　　　　　　　圖 3-335

圖 3-336　　　　　　　　　　圖 3-337

圖 3-338　　　　　　　　　　　圖 3-339

圖 3-340　　　　　　　　　　　圖 3-341

擊出的拳頭。隨著練習的深入，陪練者可逐漸縮短兩手掌之間的距離，同時研修者也可以離陪練者遠一些再出擊。

　　進行此項練習時，為避免不必要的傷害，研修者最好先學會控制出拳，以確保陪練者未能夾住拳，而研修者又在擊中陪練者之前停止動作。同時，陪練者也要學會當研修者的拳頭幾乎打到自己面部時不要眨眼的本領。

　　巴斯蒂羅師父還在講習會上示範過快速抓塑膠瓶的遊戲，他說，一定要手先動，而不是身體，更不是步法先動。他每次玩這個遊戲都是百發百中。

　　上面擇要介紹了幾種「無影拳」的訓練方法，可謂「法簡效宏」，在李小龍師祖的武學筆記中均有記載，可

謂「真傳」，供廣大截拳道研修者借鑒學習。由於「無影拳」屬技巧練習，且難度較高，因此，適宜在精力充沛、精神狀態較好的情況下練習；最好安排在每次訓練的前段來進行練習，集中精神練習數分鐘即可，不宜過長。研修者根據自己的實際情況靈活安排，初習時可能達不到要求，但不要因此氣餒，要堅持練習至熟練自如。切記，絕技形成的剋星即一曝十寒。若嚴格按要求練習，研修者是不難掌握「無影拳」這一絕技的，但要想像李小龍師祖那樣動作輕鬆自如、巧妙準確、優雅悅目，衝向對手時既能輕而易舉地落拳，又能自由自在地離去，瀟灑地做到「拳打人不知」，只有這些訓練還是遠遠不夠的。不容否認，「無影拳」是擊拳技術，但並非單純的擊拳技術，更不可將之視為一成不變的刻板的套路或原則。否則，「正如金黃的葉子可以似金幣般哄騙哭泣的孩童般，所謂的絕招、秘笈也不過顯示了武術家的無知罷了（李小龍語）。」

這就需要研修者在練習時應遵循一個原則：研修截拳道，應在正確的截拳道理論指導下，從各個角度去學習、認識，也就是說，截拳道武技的研修，不應強調突出局部，而應注重整體武技的最佳提升與發揮。

我書中很多內容是我多年的所見、所聞、所學，但是我沒有機會全部實踐，因為我最好的年華，最能吃苦的青春都在走彎路，這是普遍情況，不是個例，等到我有許多機會去學的時候，沒有了心勁，雖說好功夫不分男女老幼，但是，人在各個階段的使命和任務是不同的。我希望讀我書的人，多實踐，發現我的不足，發現巴斯蒂羅師

父的不足，發現李小龍師祖的不足，他們都是 20 世紀的技藝，你們很容易超越，只要有心，提高功夫技藝不是難事。

「無影拳」作為李小龍師祖格鬥生涯中精彩的一筆，是其格鬥經驗的積累。但是，再寶貴的經驗也只是「有形的招」，只有經過實踐運用才能實現其價值，而研修者正確運用前人寶貴經驗的能力正是「無形的術」。

所謂「無法之法」「法無定法」「法外之法」就是指研修者在實踐中，舉一反三，觸類旁通，靈活運用創造性能力，使自己「每天都有一個新的突破，新的發現」，「以無法為有法，以無限為有限」，以期認識自我，探索並創造出真正屬於自我的新武技。最後筆者與廣大截拳道研愛好者以此共勉！

第七節　解密寸拳

寸拳在國內的早期流行是由李小龍的書籍引發的，真正的聲名鵲起是在 2008 年央視版的《李小龍傳奇》播出後，這部破了收視率記錄的李小龍題材影視劇，吸引了一大批新生代的李小龍粉絲，劇中對寸拳的渲染更是引起了很多人的關注。

我記得有一年，江蘇衛視邀請我做節目，節目組就提出讓我表演寸拳擊碎大理石。當時技驚四座，我卻不以為然，其實大家普遍認為寸拳是李小龍師祖的絕技之一，源

於詠春拳。詠春拳有「寸勁」的說法，李小龍師祖發明了「寸拳」這個術語，在中國傳統武術中類似「寸拳」之類的寸勁發力很是普遍，不是什麼秘密。別說一寸，即使是貼著身體發勁也是很多傳統武術家所擅長的。

寸拳就是一種近距離發力的拳法技巧，如圖 3-342 至圖 3-343 中所示，從開掌塌腕的放鬆姿勢開始，化拳出擊。這個動作就是振藩功夫裏中國傳統武術近距離發力的部分動作或稍加改動的發力演示。互聯網上有一段巴斯蒂羅師父講授寸拳的視訊，他還拿了一個特製的類似單頭啞鈴的器具強化腕部發力，有心的研修者不妨搜來看看，至於這個磨煉寸拳的神器在網上就有賣。

圖 3-342

圖 3-343

本節屬於短文，僅僅為大家揭開寸拳的神秘外衣，所謂「真傳一句話」，但是漸修還是要靠「萬卷書」指路才行。

更多的研修者對寸拳的印象都停留在威力演示的層面，在圖 3-344 至圖 3-348 的示範中，我用寸拳迫使弟子胡鍼杰倒向我的另一位弟子萬國龍，這種表演技巧是很容易掌握的。寸拳在實戰實施中有待商榷，當然我這裏不

否定寸拳的實用價值。研修者不必對寸拳過於執迷，君不見「小念頭」中圈手化拳的動作比較多見，這個動作可以和寸拳多多掛鈎練習，希望有心的研修者多多體悟，從傳統武術中吸取營養，為現代搏擊服務。

圖 3-344

圖 3-345

圖 3-346

圖 3-347

圖 3-348

第八節　勾漏手

　　勾漏手的稱謂由來已久，其中的淵源也是有頗多說法，基本都與李小龍師祖高超而又傳奇的手上功夫相關，這裏需要長篇大論來詳細講述了。

　　多數人理解的勾漏手就是截拳道攻擊五法中封手攻擊法的傳奇性稱謂，大家對這樣解釋的認同具有普遍性。

　　在李小龍師祖的武學生涯中，他接觸過很多門類的中國傳統功夫，其中也有螳螂拳，螳螂拳中有一個和勾漏手音同字異的技法，大家不妨打開腦洞自行體悟一番。

　　後期巴斯蒂羅師父身體不便，很多講習會由我配合他示範，圖 3-349 就是我作為師父的助教，配合他老人家示範封手動作。

　　他對封手及消打的研修頗為精深。師父自 1966 年跟隨師祖學習功夫，1973 年師祖去世後，師父便跟隨其師兄伊魯山度繼續練習。眾所周知，師祖在香港研修的詠春拳體系並不完整。

　　據黃淳梁師傅的說法，師祖只學到了小念頭、黐手等，尋橋、木人樁只練了部分。有一段時間我的武館受電影《葉問》的影響，被迫

圖 3-349

在傳授內容中加入詠春拳內容，來從經營角度滿足愛好者，我就把自己傳授的稱為「葉系李傳詠春拳」，也就是李小龍詠春拳。

據李小龍師祖首席華人弟子黃錦銘師傅的香港弟子梁敏滔先生的著述顯示，伊魯山度師傅至少跟隨 6 名以上的詠春拳師傅學習過，他的功夫學院就開設了詠春課程。從公開的資料就可以判斷，伊魯山度一系傳承中對封手、消打等是十分重視的。巴斯蒂羅師父雖然從李小龍師祖處取得了親筆認證，但是更高教練級別的認證確實從其師兄伊魯山度處取得的，所以技術淵源不言則明。葉問宗師也是拜入陳華順師傅門下，在陳華順去世後，葉問便跟隨掌門師兄吳仲素繼續練習。

中國武林自古就有這種「代師授拳」的大師兄或掌門師兄。李小龍師祖初跟葉問宗師時，也曾有好幾位師兄帶其練習。李小龍師祖在世時，僅有 3 位「代師授拳」的助教級弟子，依次是木村武之、嚴鏡海、伊魯山度，如果李小龍師祖的功夫體系也是一個門派的話，非要選一個掌門師兄，那只有伊魯山度師傅，這是李小龍家族，包括所有龍弟子及全球截拳道研修者都無異議的。伊魯山度師傅往往就扮演著像李愷、傑瑞・泡提特、巴斯蒂羅等龍弟子的授業師兄的角色，在師祖逝世後很多年，這些人都跟隨伊魯山度練習過。

師祖逝世後的很長一段時間，巴斯蒂羅師父擔任了「龍子」李國豪、「龍女」李香凝的授業師兄，李國豪後來又跟隨伊魯山度學習，李香凝後來則跟隨李小龍師祖首

席華人弟子黃錦銘師傅學習。包括師祖遺孀琳達女士都曾跟隨巴斯蒂羅師父短暫學習過。這些並不影響他們的師承關係，雖然李香凝曾在公開場合稱巴斯蒂羅和黃錦銘為師父，但是我感覺他們僅僅是師兄師妹的關係，其實外國人更講究，不會胡亂說、胡亂寫。

　　中國人也講究傳承，我接觸港臺武林發現傳統規矩更是被他們繼承得很系統，每個人都有啟蒙師傅、授業師傅。轉益多師，本無不可，我自己從小到大就跟隨超過20位師父、老師、教練等學習過。當然我們最終還是要跟國際接軌，起碼我們自己著書立說時做到不亂。

　　關於封手攻擊法在海外已經出版的截拳道書籍中多有披露，現在我的很多弟子大多看得懂英文，我沒有必要把外國同道的翻譯占篇幅讓讀者買單，下面就舉幾個常見戰例以作示範。

　　在圖 3-350 至圖 3-353 的示範中，我的前手標指攻擊遭到弟子畢春洋的前手格擋防禦，我前手並不回收，我的前手標指與他的小臂搭橋之際，順其力、就其勢轉化為攤手封固其前鋒手的同時，我的後手衝捶迅疾打出。

圖 3-350

圖 3-351

在圖 3–354 至圖 3–357 的示範中，我的前鋒手發出
的標指遭到弟子羅元平的格擋防禦，我的前鋒手並不回

圖 3–352

圖 3–353

圖 3–354

圖 3–355

圖 3–356

圖 3–357

收，同時我的後護手拍擊封固對方的防禦手臂，為前鋒手掃清障礙，前手再化拳擊打。

圖 3-358

圖 3-358 至圖 3-362 示範的是拍手封與攔手封的配合使用範例，也是封手攻擊法的經典案例，這組動作是由我的弟子孫旌杰配合我完成的。

圖 3-359

圖 3-360

圖 3-361

圖 3-362

在圖 3-363 至圖 3-365 的示範中，我的中位衝捶遭到對方耕手防禦，我後手拍手封固對方耕手動作的同時，前鋒手以掛捶擊打對方。圖 3-366 至圖 3-368 示範的是面對採用不同擺樁站架對手的實施案例。

其實我對封手攻擊法還是下過一番功夫的，但是事實證明我除了對付我的弟子管用，對一些不熟知封手的對手用處不大，我是實事求是說的。早期因為受很多資料及視訊的影響，也受一些熟悉的師傅的誤導，我在封手上耗費了很多的精力，現在看來浪費頗多，當然如果我沒有走彎

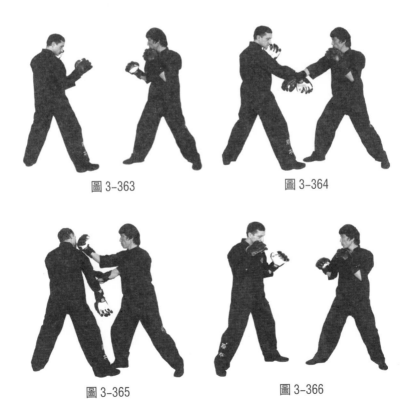

圖 3-363

圖 3-364

圖 3-365

圖 3-366

圖 3-367

圖 3-368

路也就沒有直路給後人指引。

　　大家看我在央視或者地方台做節目時常示範封手動作，這都是因為視覺效果較好，就像我在電視節目中以寸拳擊飛人一樣。其實很多人對截拳道的理解就是停留在封手攻擊上，因為不懂的人感覺截拳道其他技術和搏擊或綜合格鬥都很像，很難找出截拳道的技術特色來。獵奇的初學者著實不少。

　　實戰是客觀存在的，對手怎麼攻擊或怎麼防禦決定了你的攻防動作，而不是你的攻防想像需要對手來配合。我這裏拍攝的封手技術都是弟子配合我做的，我的館裏的這些助教，普遍比我能打，但是與我做示範時，我一腳踢過去他們都不敢不倒。

　　他們很多人從小學，甚至幼稚園就跟我學拳了，到工作的年齡還是保留了小時候對我的心態，一碰就倒，所以我的示範並不是都客觀真實。這裏我對閆芳等一些被線民聲討的大師說句公道話，包括一些傳統武術的大師，並不是完全作假，很多弟子出於敬畏，尤其是以前曾有被師傅

發力打飛打傷的經歷，留下陰影，師父動作未出，他們就本能地後退。

有此見識的還有青城派的掌門劉綏濱大師，他每次來南京我們都會相見，他也常提攜武林後輩。有一次我請他在我義兄萬征的煌飛鴻功夫餐廳吃飯，他就提出上述看法。劉掌門見多識廣，閱人無數，不會信口開河，但是大家也不要因為我這段文字禍及其他武林前輩，這裏就仁者見仁吧。

後來我在北京參加《四大名捕》的發佈會又有幸見到德高望重的潘崇福及其夫人、名副其實的養生大師李久雲道長等人，他們同為青城派一脈，與我大哥溫里安乃舊識，也與我以兄弟相稱，其實都是謙虛的武林前輩。劉綏濱掌門每年的大多數時間都在為青城派四海奔走，加上派內高手如雲，不興旺是沒有道理的。

很多人說我的截拳道不正宗，像搏擊或者像綜合格鬥，截拳道圈子裏的同行越是這麼說，我就在圈子裏交流越少，後來徹底不「串門」了。大家想想現代散打運動是什麼時候開始的，是改革開放以後。綜合格鬥又是什麼時候興起的？截拳道是 1967 年創立的，誰像誰？說「爸爸像兒子」也不難聽，只是彆扭一些而已！但是長江後浪推前浪，前浪不想「死」在沙灘上，就跟後來者謙虛取經，後生的自然新鮮。可喜的是，我的歪理得到越來越多講理的人的認同，因此才有了寫本書的初衷。

圖 3-369 圖 注：2009年7月我有幸參加了「龍弟子」李愷師傅的課程，其中講解到有關封手的技術內容，這不是李愷師傅第一次來中國，之前他曾在北京求學中醫，並去香港也講授過一次截拳道課程。

圖 3-369

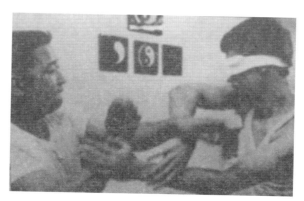

圖 3-370

圖 3-370 圖注：我和參加李愷師傅課程的學員就這張舉世聞名的圖片提出疑問。李愷師傅直言，「這是應《黑帶》雜誌和李小龍本人要求的擺拍」，並笑言，「蒙上眼睛，小龍師父肯定不是我的對手」。他坦率地說，自己沒有練習過黐手，因為拍攝當晚武館只有自己，所以成了幸運兒，留下了這些永久的回憶。

第四章
踢　法

第一節　小龍問路

——振藩鈎踢

　　鈎踢的稱謂來源於其踢擊路線，類似拳擊中的勾拳。當時李小龍師祖受限於現狀，對此類腿法沒有找到與之對應的中文術語，就創造了「鈎踢」這個術語。至於是「鈎」不是「勾」，這和鈎錘一樣，都是尊重師祖的中文筆記而已！這裏在「鈎踢」前面加了「振藩」，是想告訴大家，截拳道只有一種，但是練截拳道的、寫截拳道的人卻不止一個，就像將東方禪學介紹到西方的日籍大師鈴木大拙所言：「真相只有一個，說明卻有很多。李小龍師祖研讀過此人的著作，希望大家有時間，把師祖當年研讀過的作品拾起，有很多還不過時，可以看看。」

　　鈎踢多跟鐘擺步配合出擊，尤其是針對對手的脛部、膝部、襠部的低位鈎踢，如圖 4-1 至圖 4-8 所示。散打的小鞭腿省卻了墊步的單獨動作，將步法融於踢法中形成「拖步」技巧，其實在截拳道中也有將步法隱藏在踢法中

圖 4-1　　　　　　　　　　　　　圖 4-2

圖 4-3

圖 4-4

圖 4-5

圖 4-6

圖 4-7

圖 4-8

　的技巧，就像「無影拳」般的「無影腳」，這裏請各位研
修者不妨多多體悟。

　　在圖 4-9 至圖 4-12 的示範中，我在穿鞋的情況下也
會選擇用腳尖，或在赤腳時用腳掌直接無預兆地起腿，運

圖 4-9　　　　　　圖 4-10　　　　　　圖 4-11

圖 4-12　　　　　　　　　圖 4-13

圖 4-14　　　　　　　　　圖 4-15

用中位鈎踢踢擊對方的心窩、軟肋、肝腎、背部等部位。
此種技藝在被動反擊中亦可施用，如在圖 4-13 至圖 4-17
的示範中，我後腳側步閃避，躲開弟子姚元平的前手衝捶

圖 4-16

圖 4-17

圖 4-18

圖 4-19

圖 4-20

圖 4-21

的同時，以前腳鉤踢攻擊其心窩要害。

　　如果以攻擊高度來區別鉤踢種類的話，除了低位和中位外，還有運用手靶練習的高位鉤踢，如圖 4-18 至圖 4-22 所示。相對低位和中位而言，高位鉤踢是相對難得

圖 4-22　　　　　　　　　　圖 4-23

圖 4-24　　　　　　　　　　圖 4-25

圖 4-26　　　　　　　　　　圖 4-27

手的技法，在圖 4-23 至圖 4-29 的示範中，我就以後手
衝捶做佯攻，掩護前腳高位鉤踢重擊對手的頭部。

根據截拳道的傳統拳理，後腳的技藝相對前腳少了很

圖 4-28

圖 4-29

多，鉤踢也不例外。圖 4-30 示範的就是由後腳低位鉤踢
攻擊對方大腿。為了強化後腳鉤踢的擊打威力，研修者由

圖 4-31 至圖 4-36 示範可以看
到我的前腳先斜上步增加了前
衝的慣性，另外，攻擊對手的
受力部位可以從腳背延長到脛
骨。後腳鉤踢在格鬥中有時可
以運用強力踢擊摧毀對方的防
線，而不需在遊鬥中費盡心機
去捕捉戰機。所謂，射人先射

圖 4-30

圖 4-31

圖 4-32

圖 4-33　　　　　　　　　　　圖 4-34

圖 4-35　　　　　　　　　　　圖 4-36

馬，馬翻人必仰。重擊對方腿部可以有效地降低其移動的
靈活性和速度。當然，像後腳鉤踢這種相對路線較長的踢
法在主動進攻或連續進攻以及反擊中，對研修者捕捉戰
機的能力都要求特別高。往往後腳鉤踢「後發先至」。比
如，當對方以鉤踢進攻時，我方撤步防禦的同時予以後腳
鉤踢反擊。低位的後腳強力鉤踢也可以作為拳法組合的補
充立體打擊技術，這在現代搏擊中已經司空見慣。

　　鉤踢是截拳道中運用最靈活的踢法，幾乎可以從各種
距離、各種角度攻擊對手各個部位，如圖 4-37 至圖 4-39

圖 4-37

圖 4-38

圖 4-39

圖 4-40

圖 4-41

圖 4-42

的示範，研修者於近距離一樣可以發出高位鉤踢。做這種
近距離鉤踢時，上身及髖部相對普通鉤踢而言有些微妙
的變化，由圖 4-40 至圖 4-46 的俯拍更有助於讀者朋友

圖 4-43　　　　　　　　　　　圖 4-44

圖 4-45　　　　　　　　　　　圖 4-46

圖 4-47　　　　　　　　　　　圖 4-48

　　理解該技術。面對對手的前手衝捶，如圖 4-47 至圖 4-50
的示範，研修者於反擊中可果斷運用此種近距離鈎踢技巧
重創對手。

　　　　以高位鈎踢反擊對方拳法，這種腿法有別於常規鈎

圖 4-49　　　　　　　　　　　　圖 4-50

踢，有點類似掛捶和直拳的關係，只是在角度和速度上更佔據優勢。鈎踢腿法在完成瞬間是大小腿呈一直線，本動作完成瞬間，大小腿略有角度。

李小龍在《振藩拳道》，即《李小龍技擊法》一書中有過此類鈎踢的示範，看似和普通鈎踢區別不大，因為師祖只拍了靜態圖片而無文字表述的原因，有心者可以把圖拿出來單獨挨個分析。熟悉李小龍師祖電影的讀者也會發現，在《猛龍過江》中師祖對陣黃仁植時有過此類動作的影視再現。近距鈎踢也可以攻擊對手的心窩、襠部、大腿、膝部甚至腳踝等。

我曾嘗試拍攝這些動作，因為我和陪練都是穿著黑色衣服，身體稍有重疊便很難看清動作，拍攝的圖片也因不滿意而捨棄，希望以後在解決拍攝中存在的問題後，有機會再跟大家做詳細分享。

截拳道的鈎踢不同於大幅度的弧線掃踢，尤其是前腳鈎踢，偏重於「快」，「快」就需要「巧」，與跆拳道的橫踢一樣，鈎踢的膝蓋幾乎是垂直提起，只是小腿與地面

圖 4-51　　　　　　　　圖 4-52

不是垂直角度，就像圖 4-51 中約有 30 度的夾角，這個
和圖 4-52 中擺樁時前腳內扣 30 度的角度是一致的，如
此提膝符合「直接」的要素，又能有效地防止對方截踢我
起腿的瞬間，然後甩臂、轉腰、翻胯、踢擊。因為指導拳
理的原因，使得鉤踢這個技術完全不同於泰拳的掃踢，和
散打的鞭腿也有些出入，可謂非傳統性。

　　鉤踢起動更快，既可按一下制敵，也便於連擊取勝，
如李小龍師祖在《猛龍過江》中將此踢法類型稱為「小龍
問路」，這也是本文標題的由來。鉤踢在按一下中也是首
選，又如李小龍師祖在《猛龍過江》中以連續鉤踢進攻羅
禮士，就是以單獨技法進行連擊的例證，這樣更有效地增
加了擊打效果。

　　今天大家在擂臺上看到「泰式掃踢」的單腿連擊，在
師祖時代這種技術還沒有普及。還是《猛龍過江》，李小
龍師祖在影片中以「雙層踢」擊潰了羅伯特，也是鉤踢在
單腿組合連擊中的實踐。

圖 4-53

圖 4-54

　　截拳道所有技術都可以由擺樁直接發出，上肢包括手部、肘部、肩部的發力原理基本一致，這裏我也發現一個「腿膝一理」的原理，當然這個區別於發明，截拳道下肢技藝本身就具備這個原理，我歸納為「腿膝一理」這四個字而已。

　　君不信，可以看看圖 4-53 和圖 4-54 中後腳鈎踢和後腳鈎膝的發力原理確係一致。鈎踢的接觸部位並不僅僅是常規看到的這些，包括腳趾、腳掌、腳跟或整個腳底任何一個部位，從腳背到腳踝，再到脛骨，一直到膝蓋都是可以擊打的部位，根據距離的需要，可以將鈎踢變成適應萬物又不被萬物左右的「水」。

　　田徑比賽中很多短跑運動員的上身肌肉非常發達，這是他們動作時手腳配合，協調運動的結果。我們在踢擊的時候，同側手就像拉重物一樣下垂擺動，異側手向上方擺動，來輔助發力的同時，更好地保持身體平衡，這些都是攻防的瞬間展現，更多時候我們雙手是不應該離開所在的防禦與攻擊的位置的。

圖 4-55

李小龍師祖有時候以疾步踢出腿法時，上肢會打開，在《李小龍技擊法》這本書中有很多類似的圖片，這種踢擊方式多在中高位踢擊中出現，於中高位踢擊時上身多半會後傾，這個姿勢本身就遠離了對手的反擊範圍。李小龍師祖之所以這樣做，一來是為了增加擊打威力，二來是為了保持身體平衡，但是這些動作只展現在攻擊的一瞬間，他很快恢復到了後護手和前鋒手的合理位置。

實際上後期的截拳道踢擊，上肢包括整個上半身是很少動的，有些優秀的截拳道師傅可以做到重心和上身幾乎不動就完成了踢擊。對於截拳道來說，如果定位街頭格鬥，力量不是唯一的追求，由於街頭格鬥和擂臺打鬥規則不同，因此我們更多的是強調速度、隱蔽性和準確性。對攻擊對手的襠部而言，研修者想想什麼才是最重要的。

各位研修者也可以想想軍訓的時候，一腳前行，另一側的手部是上抬的，踢擊的時候也是同理，前腳踢出，後手護頭，後臂護住軀幹。我再多問一句，後腳踢出時，前手在幹什麼？

最後為各位研修者推薦一種練習鉤踢的輔助工具——圖 4-55 中的紙靶。多角度紙靶的製作及練習的詳細內容，限於篇幅，後面有緣再做介紹。

第二節 驚艷一槍

——飛身話側踢

在截拳道的踢法中，直踢、鈎踢、側踢是重點，因為側踢的威力巨大，尤其飛身側踢動作非常瀟灑。李小龍師祖在其拍攝的影片中加之過分渲染，使之成為愛好者最早認識的截拳道標誌性動作之一。直踢最為快捷，側踢威力最大，鈎踢兼具速度和力量，側踢練得好也是速度和力量的完美結合。所有踢法的應用原則都是在合適的時機施用，這樣才能揚長避短，達到快、狠、準的目的。

首先強調的是，側踢踢擊時不要用腳外側，這樣容易使腳踝受傷，應該用腳跟或腳心等部位。

雖然我平時教授徒弟時都是從中位側踢開始的，但我習慣從高度來區分踢法進行寫作。圖 4-56 至圖 4-62 示範的是我以低位側踢攻擊對手的膝關節，與鈎踢相同的

圖 4-56　　　　　　　　圖 4-57

圖 4-58

圖 4-59

圖 4-60

圖 4-61

圖 4-62

圖 4-63

是,側踢也與鐘擺步配合較多。圖 4-63 至圖 4-69 示範的是我運用上肢佯攻來增加低位側踢的突發性,進而攻擊弟子雍坦的腳踝。這種超低空的側踢,在街頭防身中是提

圖 4-64　　　　　　　　　　圖 4-65

圖 4-66　　　　　　　　　　圖 4-67

圖 4-68　　　　　　　　　　圖 4-69

倡使用的。在圖 4-70 至圖 4-72 的示範中，前手佯攻配
合前腳踢擊膝蓋都是一個原理。一般愛好者喜歡拿截拳道
的側踢和散打的側踹相比較，現在散打的側踹在這個基

圖 4-70　　　　　　　　　　　圖 4-71

圖 4-72　　　　　　　　　　　圖 4-73

礎上省卻類似墊步的輔助發力動作，變為直接起腿拖步踢擊，這樣更為快捷，這是技術的擂臺化進步。如果李小龍師祖的側踢是 1.0，那麼現代散打的側踹就是 2.0。現代散打的側踹幾乎直接來源於截拳道，包括「英雄傳說」創始人都說，他的側踹就是看李小龍的動作示範學習的，他當時被譽為「亞洲第一快腿」。這個大家若有興趣可以跟散打起步時一些成名的冠軍們一聊便知。

圖 4-73 至圖 4-76 運用俯拍的方式更好地詮釋了這一佯攻配合步法的低位側踢。圖 4-77 至圖 4-79 示範的則是面對不同擺樁站位的對手時使用佯攻配合步法的低位

圖 4-74

圖 4-75

圖 4-76

圖 4-77

圖 4-78

圖 4-79

側踢。在圖 4-80 至圖 4-
86 的示範中，我在後腳
墊步的角度上做了一個簡
單的處理，這種變化角度
的攻擊更會讓對手猝不及
防。

圖 4-80

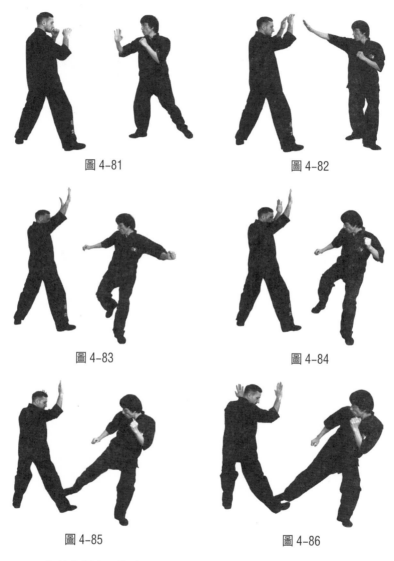

圖 4-81

圖 4-82

圖 4-83

圖 4-84

圖 4-85

圖 4-86

　　中位側踢是截拳道中最具威力性的踢擊方式。李小龍師祖在其影視作品中不遺餘力地予以入鏡，破壞性強，且不失瀟灑。諸位看官請靜心一想：我們釘釘子時，是不是

將釘子垂直後最容易釘入牆體中？踢法也是同理，傳統拳諺有云：中平槍，槍中王，中間一點最難防！中平槍最能體現「槍紮一條線」的要義，平直紮出，疾出

圖 4-87

似箭，防不勝防，一擊必殺。圖 4-87 合影中間是我的忘年生死之交——溫里安大哥，他有一部作品名叫《驚豔一槍》，這可是「四大名捕」的師父諸葛正我的看家本領，配合疾步的中位側踢猶如一槍，絕配「驚豔」二字。

　　中位側踢是截拳道中最具破壞性的腿法，尤其是配合疾步的前衝慣性，垂直的擊打力猶如釘釘子，支撐腿與進攻腿同時蹬直，將反作用力由支撐腿瞬間蹬直降到最低，爆發出最大的攻擊力。因為這一系列連貫動作不適合用人做示範，又不能擺拍，以致太假。這裏我採用踢盾練習（圖 4-88 至圖 4-96），可以有效

圖 4-88

圖 4-89

圖 4-90

圖 4-91

圖 4-92

圖 4-93

圖 4-94

圖 4-95

圖 4-96

地鍛鍊時機感及距離感的把控。另外，也可以進行重沙
包踢擊練習（圖4–97至圖4–102）。踢擊重沙包是提升

圖 4–97　　　　　　　　　　　　圖 4–98

圖 4–99　　　　　　　　　　　　圖 4–100

圖 4–101　　　　　　　　　　　　圖 4–102

踢擊力量的重要手段，動作完成瞬間，身體呈一直線，踢擊瞬間支撐腿和攻擊腿幾乎是同時伸直的。還可以用如圖 4-103 至圖 4-108 中外形稍細一些的沙包來磨煉準

圖 4-103　　　　　　　　圖 4-104

圖 4-105　　　　　　　　圖 4-106

圖 4-107　　　　　　　　圖 4-108

確度及著力點。練習側踢
重擊尤須注意膝關節的屈
伸拿捏，以防踢空受傷。
另外，還要注意身體平衡
的控制，以防踢空失去平
衡，而被對手所乘。這些
在踢盾及重沙包練習中容
易忽視的東西往往可由紙

圖 4-109

靶練習來補充，如圖 4-109 至圖 4-115。紙靶練習可以提
升我們擊打時對關節屈伸程度及重心等隱性特質的拿捏。

圖 4-110　　　　　　　　圖 4-111

圖 4-112　　　　　　　　圖 4-113

圖 4-114　　　　　　　　　　圖 4-115

　　補充一句，我將疾步稱為「變態的墊步」，這樣一講，大家就容易理解這個動作了。這種步法源於法國腿擊術。傳統武術的墊步和插步有些共性之處，研修者不妨思考一下，比如，傳統武術中的插步踹腿，如果把後插步的地面動作略做騰空加速，又是截拳道中的什麼步法？還有李小龍師祖在電影中經常展示的騰空側踢，以空中的跳躍動作代替步法，其實還是步法。

　　圖 4-116 是 2014 年《金陵晚報》記者採訪我時拍攝的騰空側踢。圖 4-117 示範的高位側踢最終被報社採用刊登，看來還是不飛起來比較接地氣。

圖 4-116　　　　　　　　　　圖 4-117

疾步側踢是李小龍師祖研究法國腿擊術後取材昇華的，有興趣的讀者可以找來一些師祖當年書房中的關於法國腿擊術書籍一閱便知。只不過，李小龍師祖運用 PIA（漸進間接攻擊）戰術，配合手部佯攻，增加了縱深性攻擊的速度和成功率。

　　圖 4–118 至圖 4–124、圖 4–125 至圖 4–131 和圖 4–132 至圖 4–138 都是高位側踢的示範，只是所拍攝的角度不同，便於研修者更好地體悟。

圖 4–118

圖 4–119

圖 4–120

圖 4–121

圖 4-122

圖 4-123

圖 4-124

圖 4-125

圖 4-126

圖 4-127

圖 4-128

圖 4-129

圖 4-130

圖 4-131

圖 4-132

圖 4-133

很多研修者這裏會有疑問，側踢不也是變化萬千的
嗎？包括我在之前篇幅中講過的那些前踢和鈎踢，以及
衝捶的變化形式，其實對初學者而言只能遵循「緛緊核

圖 4-134　　　　　　　　　圖 4-135

圖 4-136　　　　　　　　　圖 4-137

圖 4-138

心」──「一腳就是一腳」，要有法可依，依法修行。而
對一些入門的研修者來講，在緊抓主幹的基礎上兼顧旁
枝，這樣才能體會「一腳不再是一腳」及「一腳化萬腳」

的道理。至於最後「一腳還是一腳」不是一般讀者暫時能做到的。專業搏擊運動員的實戰水準與民間武術家的實戰水準沒有可比性，尊重客觀事實，各自做出成就才是正途。

首先我是一名截拳道師傅，是奮鬥在教學第一線的，那些理論上的細化和無窮的講解，不是我的活兒。如果哪位研修者練功之餘有興趣，可以幫忙再寫一本《解讀張安邦截拳道》作為我教材的參考，記住是練功之餘，不是看書之餘。

從某種道理上講，這本書是給「中級」截拳道研修者看的，對於初學者我建議還是要找一個合格的師傅領你們入門為佳。高級的截拳道師傅也不用看我的書了，書中所寫所述都是你們應該掌握的東西，起碼你們熟練的東西與我書中描述的應該是純屬巧合的雷同。

第三節　回馬槍

——旋轉直線踢擊

轉踢，顧名思義就是「旋轉踢擊」或「轉身踢擊」，這是一種極具破壞力的踢法，有效地使用了髖關節包括臀部的肌肉以及身體加速度旋轉帶來的慣性勢能。轉身後的直線踢擊猶如「回馬一槍」，容易使對手猝不及防。

「回馬槍」一詞，據說最早源於《說唐演義全傳》，那是冷兵時代，都是手上傢伙說了算的時代。《說唐演義

全傳》中提到羅成和秦瓊互換家傳武藝，但是彼此都留了一手，羅成就保留了「回馬槍」，秦瓊則保留了「殺手鐧」。二人日後兵戎相見，秦瓊才吃驚贊道：「兄弟，好個回馬槍！」

當然這是說書唱戲，我母親喜歡聽傳統戲，這段「回馬槍」，我是熟悉的，但是真偽我沒有考證過。我們就望文生義，就是羅成突然調轉馬頭給後方追敵來一槍，也有影視劇裏經常有的橋段，故意撤退引對方來追，在後追之人舉槍就刺或抬刀就砍時，被追之人乘機調轉馬頭，人隨馬行，本身就是防禦動作，此時兩馬呈90度垂直，即馬頭撞馬身，此時追兵舊力已出，新力未發，武器招式收不住，來不及回防易被反殺。當然，做回馬槍，首先將自己陷入險地，這就要求施技者時機、距離把握的火候要好，讀者不妨邊讀邊比畫，把自己的腿比作馬，此時該何去何從？上身如何躲避？待有些感覺時，下面就好理解了。

根據截拳道的傳統理論，轉踢屬於不常用踢法，不夠「精簡、直接」，不符合「經濟線」原則。縱觀現代博擊也不乏以轉身踢擊擊倒對手的實例，這是在雙方有準備的對峙與對攻中完成的。如果是街頭性質的冷不防出擊呢？結果又會怎樣？仁者見仁，智者見智。轉身踢向來容易被忽略或被極端排斥，這都是不客觀的，存在即為合理，適合自己的就是自己的截拳道。

傳統意義上的轉身踢擊，往往指360度旋轉踢擊，當然也有跆拳道720度的高難度花式踢法，但是花式不在我們討論的範疇。360度不是絕對的，轉踢也包含了90

度或 180 度踢擊，當然我們所有的稱謂只是為了方便，我還是那個說法，我們不能拿量角器來練功，我這裏所有的示範只是舉例而已。

在圖 4–139 至圖 4–143 的示範中，我針對背後來襲的弟子胡鍼杰，於原地直接向後進行直線踢擊，這就是 90 度轉身的踢擊動作。而圖 4–144 中的一系列動作則是典型的 360 度轉身直線

圖 4–139

圖 4–140

圖 4–141

圖 4–142

圖 4–143

圖 4-144

踢擊動作，這個動作可謂「回馬一槍」，讓對手防不勝防。攻擊腳先於身體旋轉而動，而非身體先動，這樣避免過早暴露攻擊企圖。支撐腳腳跟位於攻擊線上，正對攻擊目標。一般而言，你的腳後跟所指的方向就是你的踢擊方向，同理，你的身體也要向攻擊目標轉動，身體在向攻擊目標轉動的過程中，腰部帶動腿部踢擊，就像火車頭帶動車身，車身的慣性又推動車頭。

圖 4-145

在圖 4-145 至圖 4-151 的示範中，我們利用踢盾來練習這個轉身的直

圖 4-146

圖 4-147

圖 4-148 圖 4-149

圖 4-150 圖 4-151

線踢擊動作。2000 年以後,散打逐步改革,脫下護具,跟國際接軌,國外的散打高手也開始嶄露頭角,其中最著名者當屬俄羅斯籍運動員穆斯里穆,他的「轉身後蹬」就讓國內高手忌憚頗多。我一個大學同學張亭賓就吃過他的大虧。張亭賓是世界散打冠軍,與我又是同鄉,所以印象比較深刻。我跟穆斯里穆也在包括南京在內的多個場合謀過面。圖 4-152 是 2017 年他參加 UFC(綜合格鬥賽事之一)比賽時,在發佈會現場非常紳士地邀請我

圖 4-152

圖 4-153

和女兒一起合影。

上面的動作示範都是針對對方中位進行的轉身直線踢擊。圖 4-153 至圖 4-161 示範的則是針對對手頭部的高位轉身直線踢擊。在這組圖片中，配合我示範的是我的弟子胡鍼杰。他是「藍天之笑」公益活動的創始人，他對功夫同樣虔誠，拍攝時硬生生地挨了我不少實在的拳腳，這讓我非常感恩。

圖 4-154   圖 4-155

圖 4-156   圖 4-157

圖 4-158　　　　　　　　　　圖 4-159

圖 4-160　　　　　　　　　　圖 4-161

　　圖 4-162 至圖 4-169 則是換個角度來體現這個動作的細節，可以看出「頭是方向盤」——頭領先身體轉動這個

圖 4-162　　　　　　　　　　圖 4-163

圖 4-164

圖 4-165

圖 4-166

圖 4-167

圖 4-168

圖 4-169

要點是保持平衡的關鍵，轉身前眼睛鎖定目標，一旦轉身開始，下面的踢擊動作就是憑感覺了。在轉身的過程中，研修者的背部會在瞬間完全暴露，所以，以轉身為啟動的重心轉移和抬膝踢擊要同步完成。360 度轉踢法的危險之處在於你一擊不中，極易遭受對方反擊，所以在踢擊後要立即恢復擺樁防禦狀態，如果可能的話立即離開對手會更好。轉踢運用時，時機把握是第一位，否則適得其反，當然自身的靈活性也很重要，這個技術在擂臺搏擊中多為小級別出其不意的殺手鐧，尤其是我們運用誘敵攻擊使對手向我們逼近，我們隨即突然轉身踢擊對手，這樣容易得手。

「頭是方向盤」，也是我幼年習練傳統武術套路時，師傅們常說的一句話。每次練習轉身動作時，大家有興趣，可以觀察中國戲曲演員，比如武生，他們保持平衡的訣竅就很明顯，武藝、武藝，武與藝相通，都是肢體語言，都是人做的，能不同到哪裏去？

圖 4-170 至圖 4-181 示範的是轉身踢擊手靶。轉踢的持靶與側踢相似，但是要換到另一側的手持靶，因為這

圖 4-170　　　　　　　　圖 4-171

圖 4-172

圖 4-173

圖 4-174

圖 4-175

圖 4-176

圖 4-177

圖 4-178　　　　　　　　　　圖 4-179

圖 4-180　　　　　　　　　　圖 4-181

　不是以前腿側踢實施打擊。這組動作照片較多的原因，是
我想表達一下此種踢技的技術細節，包括收腿在內。

　　沙包一直是我喜歡的練習腿法
重擊的工具，尤其像圖 4-182 至
圖 4-188 中那樣踢擊，我感覺很過
癮，可以將所有的威力一下子釋放
出來。雖然我現在因為年齡和身體
健康程度的原因，已經基本不做爆
發性的動作了，這些圖片增加了我
的回憶和吹牛的談資。

圖 4-182

圖 4-183

圖 4-184

圖 4-185

圖 4-186

圖 4-187

圖 4-188

這裏再談談練功態度的問題，我總是說要想人前顯貴，就得背後受罪。這些年我往寺院跑得多，有一次，經宋氏太極功的項南、田偉兩位先生引薦，我得以聆聽靈谷寺傳靜大和尚開示，他說到僧人在沒有人看到的時候吃肉犯葷戒的問題，這和我們在沒有人監督的時候偷懶不練功是一個道理。其實不好的東西猶如毒藥，有人看到和沒人看到，結果都是一樣的，只有敬畏因果，才能「種瓜得瓜，種豆得豆」。

第四節　掛　踢

　　研修者從圖 4-189 到至圖 4-194 中可以看出掛踢類似直線側踢的一個變異動作，這是由小角度弧線發出的。這種腿法力量不足，但是出其不意，出擊路線和側踢或鈎踢等有共同點，好像中間突然改變路線，令對手猝不及防，好比拳法中的掛捶。

圖 4-189　　　　　　　　圖 4-190

圖 4-191　　　　　　　　　圖 4-192

圖 4-193　　　　　　　　　圖 4-194

　　圖 4-195 至圖 4-201 中的拍攝角度更容易讓研修者觀察動作細節。

圖 4-195　　　　　　　　　圖 4-196

圖 4-197

圖 4-198

圖 4-199

圖 4-200

掛踢和側踢的區別，有些像掛捶和衝捶。

我這裏將它命名為掛踢，在以往的截拳道中文作品中這種踢法沒有這樣的稱謂。因為我覺得它實在和掛捶太相似，我就模仿師祖命名鈎踢的道理，斗膽稱之為掛踢。

圖 4-201

　　這個動作的力量來自身體的翻轉和大腿帶動小腿的擺動。在圖 4-202 至圖 4-207 的示範中，我就配合了前手

圖 4-202　　　　　　　　圖 4-203

圖 4-204　　　　　　　　圖 4-205

圖 4-206　　　　　　　　圖 4-207

佯攻做掩護來運用掛踢擊打 Lass。Lass 是我的哈薩克籍弟子，他犧牲了休息時間配合我拍攝，借此向他致謝，感恩師祖讓我們相遇。他還答應我，如果書籍在他的國家出版，他可以負責翻譯工作。

掛踢這種踢法有別於傳統武術的外擺腿，於中遠距離以及高低施用均可，甚至也可用於超低空的掃堂腿，有機會再跟大家詳細分享。

掛踢和掛捶一樣都在現代搏擊中很少見，多由於其力量不足。現代運動員又今非昔比，體力、抗擊打力均超乎常人，如果加上轉身助力還是有一定的可取之處，例如搏擊中常見的轉身鞭拳、後擺腿等。

第五節　大龍擺尾

——漂亮的迴旋踢

「大龍擺尾」與「回馬槍」同屬於轉踢範疇，這兩種轉身踢法大家可以結合起來一起看。因為側踢是轉身直線踢擊的基礎，掛踢又是轉身弧線踢擊的基礎，這個互為基礎的方法是我在大學修跆拳道課程時學到的。

我記得當時從圖書館借了王雙忠先生寫的《道館式跆拳道》，其中對此進行了論述，前踢是橫踢的基礎，側踢是後踢的基礎，掃踢是後旋踢的基礎，每個腿法學習的步驟都很科學，這點值得截拳道研修者學習。後來，王雙忠先生旅居美國教拳，我跟他時有聯繫，我曾跟他談及此

事，並表示我要寫一套「道館式截拳道」教程，希望「道館式截拳道」這個稱謂為大眾所接受，道場這個名稱太大了，叫道館還算湊合，但是禮儀衛生等文化要跟空手道、跆拳道進行取經，中國已是大國，文化崛起勢在必行，文化自信首先從嚴格要求自己做起來。

前文已提到，根據截拳道的傳統理論，轉踢屬於不常用踢法，不夠「精簡、直接」，不符合「經濟線」原則。李小龍師祖在其影視作品中時常踢出精彩至極的轉踢，博得觀眾掌聲，例如在《猛龍過江》中，李小龍師祖使出了金龍拳中的「大龍擺尾」。還是那句話，存在即為合理，適合自己的就是自己的截拳道。

轉踢除了可以直線進攻，還有如圖 4–208 至圖 4–215 中示範的轉身弧線踢法。

李小龍師祖的巨星級粉絲——周杰倫《雙截棍》的歌詞中「漂亮的迴旋踢」指的就是這個動作。我把類似轉身後擺腿的「大龍擺尾」也列入轉踢的範疇，動作相似之處頗多。

圖 4-208　　　　　　　　　　圖 4-209

圖 4-210

圖 4-211

圖 4-212

圖 4-213

圖 4-214

圖 4-215

圖 4-216 至圖 4-222 是另一個角度的轉身弧線踢擊的示範。這種腿法可以利用跆拳道的雞腿靶進行練習，

圖 4-216　　　　　　　　圖 4-217

圖 4-218　　　　　　　　圖 4-219

圖 4-220　　　　　　　　圖 4-221

效果頗佳。圖 4–223 至圖 4–231 是利用手靶練習這種踢
法。這種踢法一般用於踢擊對手的頭部，這對研修者身體
的柔韌性要求較高，包括良好的平衡控制能力。

　　此踢法也適合在連環腿中出現，比如踢擊對手下盤，

圖 4–222　　　　　　　　　　　　圖 4–223

圖 4–224　　　　　　　　　　　　圖 4–225

圖 4–226　　　　　　　　　　　　圖 4–227

圖 4-228   圖 4-229

圖 4-230   圖 4-231

破壞其平衡，然後緊跟此踢法。

　　我在讀大學時，給我教跆拳道課的朱璞玉老師說，迴旋踢還是破解前腿橫踢（類似鈎踢）的有效防禦反擊的手段。她是我徐州老鄉，畢業於西安體育學院，徐州出了不少武術精英。

　　當時拍攝轉身弧線踢擊時，我計畫用跆拳道的雞腿靶，幾位義務協助拍攝的大學生弟子都反對日韓武道，我就不好多做爭辯，寫下這段文字是為了告訴大家「拿來主義」比「發明主義」要快很多。我的截拳道就有很多借鑒其他武術的技術動作，我不認為有什麼不妥，凡是好的東西都可拿來為我所用。

第六節　逆鉤踢

　　逆鉤踢和掛踢有些相似，其施技軌跡也類似掛捶動作。踢擊正架對手是截拳道研修者的一個重要課題。

　　圖4-232至圖4-235示範的是逆鉤踢，這種踢法主要運用刁鑽角度攻擊對手的襠部。這種技術一旦實施成功之後很方便銜接其他技術來補充打擊對手，正如圖4-236至圖4-241中的示範。

圖4-232

圖4-233

圖4-234

圖4-235

圖 4-236　　　　　　　　　圖 4-237

圖 4-238

圖 4-239

圖 4-240

圖 4-241

偶爾我們也會用圖 4-242 至圖 4-247 示範的逆鉤踢去攻擊對手的頭部，這個和傳統武術中的外擺腿有本質的區別。它其實類似手部技術中的掛捶，著力點還是腳背的位

圖 4-242　　　　　　　圖 4-243

圖 4-244　　　　　　　圖 4-245

圖 4-246　　　　　　　圖 4-247

置。這個動作其實不適合重創性的打擊，用這種技術重擊沙包的話容易使自己受傷。這種技術最適合踢擊對手的襠部，只需要注意準確度和速度，對力度的要求相對較小。

在截拳道中，鈎踢是個大課題，其英文為 Hook Kick，李小龍師祖手繪的踢法示意圖中有英文 Reverse Hook Kick 這個術語。香港、臺灣的截拳道研修者將之翻譯為反身鈎踢、逆鈎踢、反鈎踢，其中逆鈎踢一詞最為內地研修者所接受，沿用至今。在跆拳道中，該英文所代表的動作是後旋踢，所以有些對截拳道缺乏認識的學者也會將之翻譯成該稱謂，這是截拳道在國內相對小眾的原因造成的，缺乏統一的術語和完整可查詢的資料，這個工作任重道遠。

傳統武術諺語中有云：手腳齊到 方為真。圖 4-248 至圖 4-254 示範的就是在封手技法的輔助下完成了「手腳齊到」的妙藝。最後還

圖 4-248

圖 4-249

圖 4-250

是向研修者推薦紙靶練習，紙靶同樣是練習逆鈎踢的好夥伴，不免俗地再做個示範，如圖 4-255 至圖 4-258。

圖 4-251

圖 4-252

圖 4-253

圖 4-254

圖 4-255

圖 4-256

圖 4-257　　　　　　　　圖 4-258

　　逆鈎踢主要用於踢擊對手的襠部，就踢襠而言，大家可以閉上眼睛用腦子過電影一樣想像一下：

　　對方兩腳平行開立，我用何種踢法？

　　對方右腳在前，我用何種踢法？

　　對方左腳在前，我用何種踢法？

　　研修者在運用垂直鈎踢、水平鈎踢、逆鈎踢，以及處於垂直與水平之間的斜鈎踢時，都需要由調整角度以適應實戰的需要，想怎麼踢，就怎麼踢。

第七節　推　踢

　　在截拳道中也有類似正蹬的腿法——推踢，因為拳理不同，施用略有不同。但是我早期在推踢練習中借鑒了很多散打正踹的技術，後期我又受自由搏擊的影響，借鑒了一些泰式正蹬技術來細化我的推踢。2002 年 9 月，我讀大學時，班裏人數不多，二十來個，但有一大半的全國冠軍、世界冠軍，其中以散打居多。這段經歷讓我開始正視

現代搏擊，真正代表中國武術實戰最高水準的就是散打，散打運動從業餘打點得分開始出道，步入世界武林，可以說是泰拳和踢拳的「小弟」。但是今非昔比，散打運動早已通過彎道「超車」，跳過「泰拳時代」，直接跟自由搏擊與綜合格鬥無縫銜接。歸根結底，我的推踢是「自學成才」。我邀請我的截拳道授業恩師巴斯蒂羅大師計畫於 2017 年 7 月來我武館講學，我當時在紙上列了很多我有疑惑的技術明細，其中就有推踢。之前我沒有跟任何一位截拳道師傅學習過推踢，沒想到 2017 年 3 月的最後一天，師父就因為肝癌永遠地離我而去。我跟師父都是肝臟不好，這個也更讓我們這一對忘年交惺惺相惜。

圖 4-259 至圖 4-263 示範的是前腳推踢。

圖 4-259

圖 4-260

圖 4-261

圖 4-262　　　　　　　　圖 4-263

圖 4-264　　　　　　　　圖 4-265

圖 4-266　　　　　　　　圖 4-267

　　圖 4-264 至圖 4-268 示範的是後腳推踢，這種踢法
在截拳道中不太常用，因為後腳要越過前腳才能發動攻
擊，從截拳道傳統拳理而言不算經濟。但是這種大幅度的
踢法在街頭中很常見，勢大力沉且無師自通，所以我請弟

圖 4–268

圖 4–269

圖 4–270

圖 4–271

圖 4–272

圖 4–273

子們練習，也算知己知彼了。

　　圖 4–269 至圖 4–273 示範的是弟子胡鍼杰手持手靶配合我練習推踢。

　　推踢是如刺刀般擊敵或控距，運用之妙，存乎一心！

民間武術能否出高手？能！一龍就是一個例子。一個普通人經由艱苦訓練，最後能跟世界一流拳王同台競技，這本身就是一個奇蹟。很多線民對一龍褒貶不一，其實大家想想，現在是最好的時代，每個人都能由自己的努力來為自己打通上升通道。

一龍就是一個民間武術家奮鬥的正能量典型，底層線民如果也詆毀他，那我們努力的目的又是什麼？所以，練武人也要有基本的認知，能夠透過現象看本質。我不是因為跟一龍有些私下接觸就替他說好話，這裏就事論事。我試圖以通俗的方式講解功夫，頌揚先賢，褒獎當下。

有一次，我在某網路平臺上發了一龍老師祝福我開新館的視頻，隨後就有了幾十萬的點擊量，底下罵聲一片，還有要挑戰我的，問我厲害嗎？我就直言，「跟你們這麼大時，絕對配得上『厲害』二字，而且是非常厲害。」民間武術打嘴仗的機會總是很多的，尤其是有了網路以後。

關於推踢，我在這裏不講技術細節，因為我是「無師自通」，無顏多講，大家就根據我的示範多行體悟吧。網上關於散打正踹與泰拳正蹬的視訊有很多，他們的示範詳細過我，可以搜來看看。

建議大家在練習中多多參考截拳道拳理，借鑒好的技術為自己所用，將之融會貫通。

第五章
攻擊五法

　　李小龍師祖說他的武功精華就是兩點，近身與發力。關於攻擊五法，我有想法專門寫一本書來系統講解。因為本書主要是介紹技術層面，而攻擊五法是戰術層面，就我積累的筆記而言，寫一本書是足夠的。這裏限於篇幅，簡單做一介紹。

　　如圖 5-1 所示，我以一記衝捶攻擊弟子 Matt，包括圖 5-2 中我以標指攻擊弟子胡鋮杰的眼睛，還有圖 5-3 中我以低位側踢攻擊弟子胡鋮杰的膝蓋，這些都是在我沒有做任何調整和鋪墊，直接從擺樁或自然姿勢發出的。這種攻擊戰術在截拳道中稱為「簡單直接攻擊法」，英文縮寫為 SDA，具體的英文術語大家可以自行由網路查閱。

圖 5-1　　　　　　　　　　　　　圖 5-2

圖 5-3

　　如果簡單直接攻擊難以近身發力，我們可以變換角度運用簡單直接的技法攻擊得手，這就是簡單角度攻擊法。或藉助虛招佯攻近身，即漸進間接攻擊法，英文縮寫為PIA，如圖 5-4 至圖 5-6 所示。

　　如果說一下子解決不了問題，可採用拳腳齊上的踢打結合方式，即組合攻擊法，英文縮寫為 ABC，如圖 5-7 至圖 5-10 示範的組

圖 5-4

圖 5-5

圖 5-6

圖 5-7

圖 5-8

圖 5-9

合拳動作。

　　圖 5-10 的鉤錘動作也可以換作圖 5-11 的鏟鉤錘動作。當研修者採用直接進攻無效時，可以故意暴露破綻引誘對手，或者運用步法逼近對手，使其先行攻擊，然後研修者再用任何一種方法進行反擊，這就是誘敵攻擊法，英文縮寫為 ABD。

　　誘敵攻擊還有一種較為高級的戰術，即在與對手格鬥中，使其在不知不覺中建立一種動態的慣性律動模式，也就是我們在搏擊比賽中所說的控場型拳手，讓他跟著我們預定的節奏走，接著我們打破對手已經適應的慣性節奏，

圖 5-10

圖 5-11

使其瞬間節奏破壞，無從適應，此時我們對其展開致命打擊。

攻擊五法的起點是採用簡單直接攻擊法。這時一拳就是一拳，一腳就是一腳。若一拳一腳解決不了問題，那就運用組合攻擊法。若對方不買帳就以虛招漸進來縮短雙方距離，進而間接把控時機，也就是採用漸進間接攻擊法。

除了在鉤踢中講到的「雙層踢」，李小龍師祖在《猛龍過江》中展示的「雙層拳」也是漸進間接攻擊法的經典示範。

當研修者以主動進攻打不進來就誘敵先行攻來，研修者再用上述方法與之周旋，如果能在誘敵攻來的同時，以一拳一腳就解決問題，這又回到了最初的簡單攻擊法上，也是「截拳道」三個字字面意義的最佳戰術運用——截擊，這和我前言中寫的一樣——「循環不息的圓」。

《截拳道之道》中有文字將截拳道形容為循環不息的圓，我覺得其實攻擊五法就是一個圓周的變化，且互為因果，生生不息。

正如我在讀《截拳道之道》時做的筆記：「五法」就是「無法」，進而「無限」，不要讓有限的文字和戰例來限制你對客觀無限變化的應對。

在傳統截拳道的習慣中，攻擊五法是包含封手攻擊法在內的，我認為這個可以剔除掉。封手攻擊法是有其獨特性和局限性的，從李小龍師祖寫信給木村武之師傅，告訴他黐手不要了，這披在截拳道身上的最後一件詠春拳外衣、近距封固的打法就消亡殆盡了。將簡單攻擊法一分為

二，也就是簡單直接攻擊法和簡單角度攻擊法，最後還是五種攻擊法。

有弟子曾問我，李小龍師祖設計了八級圖和各種顏色的太極陰陽圖，那陰陽到底是什麼顏色？我以為，在截拳道的太極圖裏，陰不是黑色，是許多顏色的糅合；陽也不是白色，是多種顏色的堆疊。截拳道的元素繁多有序，雜亂有章，沒有一種顏色或一個符號能代表李小龍師祖的截拳道，想要理解這些，就要在截拳道外面尋求，最簡單的方法就是多讀書。

我自己有收集武學書籍的習慣，都是雜書，整個書房到處可見。雖然很多書籍的學習價值和研究價值比較有限，但是對於一個像我這樣愛琢磨的人，就其樂無窮了。

我從中可以看到在訊息不發達時代各地武術的變遷，很有意思，不像今天的「武術大同」。它們就像方言一樣，文獻價值還是比較大的，希望我有一天無力儲存這些書的時候，有個圖書館能接納它們，最好是大學。看書看多了，你會發現李小龍師祖的偉大和「狹隘」，也會發現「攻擊五法」的狹隘，還有「攻擊無法」的偉大！

第六章
防守反擊

關於防守反擊，我在之前章節裏已經敘述了很多，我的本意是將防守動作和步法都在各個章節中寫出來，不單獨以章節敘述，以此來表明步法是跟所有技術有聯繫的。

　　我在整理書稿時，發現有很多以前拍攝的防守反擊的圖片，丟棄實在可惜，留下一些，寫了本文，跟大家分享一二。關於具體詳細解讀防守反擊及步法、身法內容，以後再寫。

　　李小龍師祖引進擊劍的防守反擊理論，借鑒中國傳統武術的防禦手法，有五門消打的技術，其中四門原理廣為人知。

　　如圖 6-1 示範的是高內門標手防禦。圖 6-2 示範的是高外門拍手防禦。圖 6-3 示範的是低內門耕手防禦。圖 6-4 示範的是低外門拍手防禦。圖 6-5 的示範屬於標手防禦鏟鈎捶反擊。圖 6-6、圖 6-7 示範的是拍手封阻的動作。

圖 6-1

圖 6-2

圖 6-3

圖 6-4

圖 6-5

圖 6-6

圖 6-7

　　這些歸根結底都屬於接觸性防禦範疇。攻和防的綜合運用才是截拳道格鬥的具體技擊形式，攻防轉換自如的流暢度決定了一個研修者的實戰水準。

　　圖 6-8 至圖 6-22 屬於一組非接觸性防守反擊的示範動作，我以下潛搖避躲開弟子 Lssa 的前手鉤捶，並展開一系列反擊。Lssa 也是我認證的哈薩克籍截拳道師傅級教練。

圖 6-8

圖 6–9

圖 6–10

圖 6–11

圖 6–12

圖 6–13

圖 6–14

圖 6-15

圖 6-16

圖 6-17

圖 6-18

圖 6-19

圖 6-20

圖 6-21

圖 6-22

　　在圖 6-23 至圖 6-24 的示範中，我運用轉肩閃避開弟
子胡鍼杰的直線拳法。圖 6-25 至圖 6-27 是一組轉肩閃的

圖 6-23

圖 6-24

圖 6-25

圖 6-26

圖 6-27

全身示範。轉肩閃重心的控制是銜接反擊的關鍵動作，要求研修者的後肩不要超過後腳腳跟。

　　圖 6-28 至圖 6-29 示範的是我以後閃避開對手的前手衝捶。所謂身法，有一個功能就是防禦，還有一個功能就是發力，所有躲閃都不是為躲而閃，而是為反擊蓄力，甚至會主動運用身法為猛烈攻擊蓄勢。

　　有時候躲閃也是為了近身，我們經常看到許多現代搏擊運動員將身體重心壓在閃避方向的支撐腿上，近身同時形成彈簧般發力蓄勢，這個閃身的角度，是整個身體搖晃而進，不是用手去硬搆著打。

　　就像李小龍師祖所說的，手臂只是傳輸力量的工具而

圖 6-28

圖 6-29

已，手臂只是依附在身體整體發力的基礎上。閃身是頭先動，頭是方向盤，發力的根基在腿，發力的核心是腰腹，四肢就像流星錘，閃身還涉及一個局部放鬆的問題，大家要細心體會。

圖 6-30 是側向閃身的一個全身示範。圖 6-31 示範的是通過左側閃身躲避至對方直線拳法外側。圖 6-32 示範的是通過右側閃身躲避至對方直線拳法外側。圖 6-33 是從另一個角度來觀察右側閃身動作細節。

圖 6-30　　　　圖 6-31　　　　　　　　圖 6-32

圖 6-33　　　　　圖 6-34　　　　　圖 6-35

圖 6-34 至圖 6-35 則是閃身與拍手的結合運用，這是接觸式防禦和非接觸式防禦的綜合運用，將防守的安全係數與反擊的成功率做了一個提升。在進行左右閃身的時候，研修者需要解決平衡的問題，可利用單腳的側位依次移動來分擔左右重心不同而失衡的問題，跟轉肩閃一樣的道理，肩部不要超過同側的腳跟外沿。

　　圖 6-36 和圖 6-37 示範的是同一種防守反擊技術針對不同拳法的運用。圖 6-38 是從另一個角度觀察閃躲的技術細節。圖 6-39 示範的是在埋頭閃身同時，展開反擊。

圖 6-36

圖 6-37

圖 6-38

圖 6-39

圖 6-40 至圖 6-42 示範的是後閃接反擊的動作。圖 6-43 示範的是一種相對高級的技術，閃打合一。圖 6-44

圖 6-40

圖 6-41

圖 6-42

圖 6-43

圖 6-44

示範的是以打為消，截擊制勝，這是防守反擊的至高境界。

　　防守反擊，以退為進，以迂為直，不光在格鬥實戰中有眾多可取之處。人生亦是如此，習拳還是要服務生活。我的武館在國內和國外多少有些知名度，雖然很小，但是總算立了足。這不是因為我打贏了多少人，恰恰相反，輸多贏少，絕對能贏的儘量做到勢均力敵，不樹敵，半斤八兩的最好，這就要做好防守。

　　我從小在這個圈子裏，吃這碗飯全憑本事，我在南京算是外地人，雖然很多武林中人都面熟，小時候比賽就見過，但是談不上交情，「新人」最容易被拿來「立威」，我算是幸運，混到了「老人」。

　　有時候碰到一些非要「切磋」的，你一看情況不對，就認慫得了，說些客氣話。但是碰到有可能成為我客戶的，那不管年輕的還是老的，必須拿下，賺錢是硬道理，武術家也要吃飯。剛開館時我的確厲害，沒幾年就掙下了家當，這個「江湖」就要求武術家多少操點企業家的心。這就是防守和進攻的辯證關係。

　　我小時候身體弱，打拳、健身可以，但是非要靠這個出人頭地，結果身體落下不少病根，所以我教的徒弟，沒有練傷的。因為在每個節骨眼上我都吃過虧，現在我更多是進行防守而不反擊，守住自身，身體是最後的本錢。大家練我的拳，要跟學習、生活、事業掛鈎，不能只做一介武夫！

　　功夫的魅力是無法用言語文字來完全表現的，無論是

誰，包括李小龍師祖在內，在博大精深的功夫面前都顯得微不足道。我要感謝不計回報的巴斯蒂羅師父，感謝包容我的弟子，使功夫文明的火炬傳遞有了一段我的奔跑。

我脾氣很差，易發火，這些品行隨著年齡的增長和孩子的出生逐步有了變化，具體時間忘記了。有一次姜振宇先生來南京帶著他的新書做活動，我有幸過去聽他講了很多，他說：「人對人的碾壓，無非肉體、財富、知識。」我深有體會，在肉體上，我這幾年已經打不過自己徒弟了，人到中年也已「小康」，唯有知識可以「人後學」「人前賣」。三者得一足矣，得其二運氣真好，三者得其全者，人中龍鳳！

第七章
截擊之道

截拳道應該拋開神秘的外衣，讓李小龍師祖走下神壇，讓截拳道走出秘傳，走到老百姓中間去。很多人說功夫不能隨便在人前練，因為真實的東西往往簡單明瞭，一學就會，容易被偷了去，得到的人太容易就不懂得珍惜。其實不然，今天資訊發達，越來越多的技藝開始展現共性，標新立異已無意義。

截拳道三個字字面的理解就是攔截拳頭的方法，截拳道的「截」字也因此而來，這裏的「截擊之道」就是截擊的方法或者技巧。

截擊是截拳道中最具代表性的實戰技巧，快速簡捷，融攻防為一體，攻守搶中線，以直線搶攻。

李小龍師祖創編的五門消打，也就是連消帶打，其實消打再怎麼方便快捷，一消一打還是兩下，即使消打同時也是兩手或兩腳的同步動作，同步也是兩個，兩個動作怎麼也不如一個來得更為直接。只要是「消」，都會有「犯了招架，十下八下」的時候，有沒有「不招不架，就是一下」的「不消而打」的戰術？正如李小龍師祖所說，「看準對方來勢，快捷地一閃以避其鋒，同時拳近則拳起，腳近則腳踢。」

反擊戰術無非有三種技巧：一是「先消後打」，二是「連消帶打」，三是「不消而打」，而第三種的「不消而打」即為截擊。截拳道這三個字從字面上理解，也就是「不消而打」「以打為消」的截擊方法，於對方的攻擊待發或至半途之際，搶先截擊。

截擊就是截拳道的技擊靈魂，截擊理念也是截拳道攻

擊性防禦拳理的核心。有句武俠影視常出現的臺詞：「天下武功，無招不破，唯快不破。」這正是截拳道的原意，即以最短的距離、最快的速度擊打對方要害。故此李小龍提出不要閃避，進行截擊，並要求應變迅速，而不需講求什麼形式化的修飾。

關於截擊，根據巴斯蒂羅師父在南京講習會部分內容的整理歸納，一般分為兩種，即簡單截擊與節奏截擊，這與眾多龍弟子的講述基本一致。但是我覺得其實不止這兩種，後面我們一一道來。

《截擊拳道》紀錄片作為影視作品，不是第一部來闡述李小龍的截拳道。最早的應該是李小龍師祖於 1971 年 6 月 24 日至 7 月 1 日拍攝的好萊塢電視劇《盲人追凶》，他在劇中擔任中國功夫師傅的角色，第一集更是直接定名為《截拳之道》。李小龍師祖借劇中角色之口闡述了截拳道的截擊要領，可謂最為生動寫實的截拳道教學片或資料片，其中有很多技術值得我們學習，如當劇中主角左腿抬起前，李小龍師祖以一記閃電般側踢截住了他的左膝。

李小龍師祖：「看見了嗎？要想碰到我，你必須先接近我。你只要一向前移動，我就抓住這個瞬間以更快的速度截擊你的拳腳，因為你的攻勢讓我有機會截擊你。 我會用我最長的武器——側踢截擊你。」

主角：「那麼，左勾拳……」

話音剛落，伴隨主角「啊！」的驚呼聲，李小龍師祖一記前手拳已疾風般掠過他的面門……

李小龍師祖：「這一次，我攔截了你的思想。你從有

攻擊意圖到實施攻擊行為花費了太多的時間！因此又被我截住了！」

　　李小龍師祖這裏示範的「截擊思想」，實際上就是搶攻，所有的攻擊在這層意義上都可以歸納為截擊，「截」是無處不在的。這樣截擊就分為了以下三種。

　　思想截擊：截擊對方攻擊的意圖。

　　簡單截擊：截擊對方簡單攻擊的半途。

　　節奏截擊：截擊對方組合連擊之間的節奏。

　　這裏我又添加了一個「思想截擊」，這是一個相對其他截擊而言值得大家探討的話題。

　　簡單截擊比較常見，容易理解，就是在對手蓄意進攻時，動作剛起勢或對手攻擊力點運行半途中，即予以反擊。重創對手的以攻為守的高級打法，是截拳道的技擊精髓。李小龍師祖生前在諸多場合表演了其截擊技術，尤其是截踢，如圖 7-1 和圖 7-2 所示。但能看透其內涵的畢竟是少數，多數人只欣賞其高超的踢技及不可思議的寸勁拳的表演。

　　為了達到透過電影手段推廣和傳播截拳道的目的，李

圖 7-1　　　　　　　　　圖 7-2

小龍師祖亦在影片中示範了眾多的截擊戰例,為後來的截拳道研修者提供了不少的素材。

在影片《精武門》中,李小龍遭受漢奸從後而來的持磚偷襲,直接運用拳法截擊。在《猛龍過江》中,他示範了「以直破橫」的截拳道截踢法——中位側踢破壞對手的橫向踢擊,還運用截拳道的另一種截踢技術——軋踢,使世界空手道冠軍查克‧羅禮士一籌莫展。

李小龍師祖創立的截拳道同影視中的打鬥一樣,以強調使用前手、前腳而著稱。他以快速有力的拳腳截住對手的動作,使之遭受重創。這也是李小龍師祖生前後期所講授和實踐的一種最有效的打鬥方法。

距離、節奏、時機是李小龍師祖歸納的實戰三要素,截擊時對距離的把控是截擊成功的要素之一。當研修者與對手在遠距離對峙時,後發制人一方具有以逸待勞的優勢。任何先進攻的一方必須要首先改變擺樁,達到有效攻擊距離才能攻擊到對方,做這些鋪墊動作可以給對方足夠的反應時間和實施動作空間。研修者先要做到截,然後要做到的才是截擊。距離、時機和節奏三者合一才能截擊,準確把控實戰三要素都有賴於敏銳的洞察力,研修者要由這幾個方面來檢討、改進截擊技術。

距離要從較遠開始練習,至少是對方原地無法直接擊中你的距離,控制了距離,你就控制了一切!就像我本書之前已經講過的那個比喻,手槍射程 50 公尺,你始終跟敵人保持 51 公尺,你就是安全的。

研修者首先要建立良好的距離控制意識和感覺。然後

再以調整距離來加大難度，慢慢找出感覺。處於遠距離時可以後腳向前墊步主動截擊，距離決定了步法移動的幅度。在距離不允許的情況下不要直接進行踢擊。在面對對方縱深性攻擊時，研修者主動後撤，與對方形成合適截擊的距離，並在後撤防禦過程中抓住時機起腿踢擊。

如圖 7-3 至圖 7-6 所示，無論是於原地還是於運動中發起的截擊，這都是由敵我雙方的距離決定的，還有就是都要保持正確的動作結構，合理發力才能將截和擊合而為一，不能只產生截的目的，還要達到擊的效果。

截擊無所不在，不光局限在踢擊，包括拳法，直線型截擊弧線型拳法，往往多為運用前手直線型快攻手法，如

圖 7-3

圖 7-4

圖 7-5

圖 7-6

圖 7-7 至圖 7-9 示範的標指攻擊，或圖 7-10 至圖 7-12 示範的前手直衝捶攻擊。手法先於身體而動，手法先於步法，在前腳落地前完成轉換發力的「無影拳」技巧是提高速度與增強力度的保證。

圖 7-7

圖 7-8

圖 7-9

圖 7-10

圖 7-11

圖 7-12

　　李小龍師祖在《龍爭虎鬥》中，騙挑釁者下船，就是截擊的最高境界。大家所以想想《孫子兵法》，很多人知道《孫子兵法》就是教人怎麼打仗的。對，但是不全對。因為孫子在全書開頭講了「三不打」，概括起來的意思是：「打不贏，不打；打得贏打不起，不打；打得贏也打得起，也要看是否可以不戰而屈人之兵」。格鬥也是如此，代價太大，風險又高，不打才是《孫子兵法》的核心追求。

　　夫唯不爭，故而天下莫能與之爭。只要我們安分過日子，踏實練功夫，做一個厚道的人，是非就不會找上門，截拳道的截擊放置生活而無處不準。我只是把功夫當作立身之本，也是自我修行，更是我精神傳承的方式。

　　很多人說美國是一個沒有傳統的國家，中國有傳統而且很長。李小龍式的自由，在我們的土壤很難發芽，但是反過來想，李小龍就在美國成長，沒有傳統才會不固守傳統，處處彰顯傳統。李小龍師祖研究過這麼多傳統文化，也就不足為奇了。

　　截拳道是屬於李小龍，更是屬於我們的，李小龍師祖已經遠去，我們更應該給截拳道一個更好的未來，給老百姓看到一個有生命力、有正能量、有時代作用的全新截拳道，用一輩子的時間去表達對功夫的尊重，這種堅持比得上任何一種信仰的虔誠。

　　我是科班出身，但是截拳道一直都是「野路子」，東學一招，西學一式，這個民間武林不像專業隊，保守得很，也無可厚非。截拳道還沒有從技術是核心競爭力的初

級階段跳出來，離現代搏擊運作遠得很。我前前後後跟了
國內外截拳道界十來位師傅學習，他們都不錯，能做師傅
的都不容易，都有過人之處。

2014 年 6 月，我才得到巴斯蒂羅師父頒發的李小龍
第二代直系教練認證，用中國人的話講，就是繼承了巴斯
蒂羅師父的衣缽，無意中符合了國人根正苗紅的意識。其
實我對截拳道最早的理解就是「截」，只要你敢動手，我
就能截住你，很理想，慢慢才發現最高境界是高手用的。
我是知道卻做不到，或者以前做到的如今做不到，或今天
做不到的以後可以做到。

在中國傳統文化背景中，凡是高手、宗師都不是靠一
時的勝負而功成名就的，只有透過數十年的苦苦修行才能
昇華幻化而代替本體。總之，真正的開悟需要很多的時
間，開悟的一瞬間需要很長時間的漸修。

截擊反應要練成肢體的一個本能動作，研修者要把截
擊當作「指月之指」，這是李小龍師祖留給我們的格鬥財
富，但是我們要做格鬥的主人，而不是被格鬥本身所束
縛。「以無法為有法，以無限為有限」，我愚意的理解就
是研修者運用自身掌握的有限的技術動作來應對實戰中無
限的客觀變化，使無法判斷的客觀來襲，變得有法可依。

從有法到無法，這就需要遵循李小龍師祖遺留下來的
一套完整的技戰術動作結構及訓練方法，不然就是亂法而
非無法了。

附錄一
李小龍基金會：幫你找到自己的截拳道師傅

原文／李小龍基金會

編譯／張安邦　林漢青　姬金兆　張　濤

　　找到一位截拳道師傅肯定是一件很困難的事情，同時，當我們找到師傅時，我們又如何判斷自己找到的是不是一位好師傅？此外，整個截拳道界都被那些想利用李小龍名氣賺錢的人搞得烏煙瘴氣，整天忙於爭論到底是「概念」好還是「原始」棒；或者質疑截拳道到底算不算得上是一門武術，或者只不過是一種搭配上了輔助性很好的哲學理念的類綜合格鬥。正因為這些原因，一直以來都很難就截拳道師傅給出一套考核標準，尤其是人們還在對考核標準本身進行爭論的時候。目前，李小龍基金會（編譯者注：組織前身是「振藩截拳道核心」）正努力把以上涉及的問題給大家解釋清楚。但是，首先，今天在這裏，我們將給那些正在尋找截拳道師傅並準備拜師學藝的人提供一些指南，教你分辨出你找到的是不是一位適合你的師傅，這位師傅能否傳授給你——你想從截拳道中得到的東西。

　　這篇文章只討論優秀的截拳道師傅是什麼樣的，不涉及任何截拳道核心技術。如果你想學到最好的截拳道技術，我們建議大家去閱讀李小龍原著或者是與李小龍本人

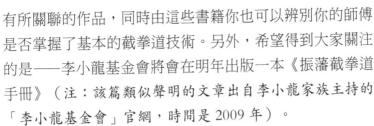

有所關聯的作品，同時由這些書籍你也可以辨別你的師傅是否掌握了基本的截拳道技術。另外，希望得到大家關注的是——李小龍基金會將會在明年出版一本《振藩截拳道手冊》（注：該篇類似聲明的文章出自李小龍家族主持的「李小龍基金會」官網，時間是 2009 年）。

我們認為一位截拳道師傅需要具備多種不同類型的能力和品質，決定一位師傅水準的首要條件還是技術和身體素質。

▲正統的傳承

編譯者注：李小龍師祖的截拳道大弟子伊魯山度大師在其著作《截拳道：李小龍的哲學與藝術》一書中將截拳道三代傳承人進行了劃分，我們覺得不符合中國人的習慣，他將李小龍師祖作為截拳道的第一代，同時他將自己的學生劃分為第三代，而將自己和早於自己入學的木村武之、嚴鏡海，包括和自己同時代入學的巴斯蒂羅、李愷等一同歸為第二代。我們覺得李小龍師祖應該是創始人，這個不能用代來劃分，伊魯山度的學生應該是第二代傳人，他和他的師兄弟應該是第一代傳人，或者截拳道第二代推廣者更為貼切，因為李小龍師祖是第一代推廣者，這個比較符合中國傳統的習慣，因為截拳道是中國功夫。

技術和身體素質

你的教練師傅是否直接師承第一代截拳道師傅？這很重要，因為這說明你的師傅掌握了基本的截拳道知識，這些知識不同於那些僅僅從書本上和電影裏學到的。事實

上，如果你試圖從李小龍的電影裏學習截拳道，這裏我們要忠告你的是——李小龍在電影裏的動作是表演和娛樂性質的，跟真實的格鬥和真正的截拳道都有所區別。同時，你要注意，你的師傅是否只是在講習會或者特訓營學習過截拳道，並獲得一張僅僅表明其參加過這些活動的類似證明性的證書。多數講習會和特訓營只有一兩天的時間，這樣的時間是絕對不可能獲得師傅等級證書或成為這方面的大師。成為一位合格的截拳道師傅需要師承一位有正統傳承的截拳道師傅，並學習相當長的時間才可能得到認證的機會。

核心技術

你的師傅對截拳道的基本技術是否有足夠的理解和嫻熟的演練？你有一種辦法可以弄清楚，就像上面提到的那樣，你可以由閱讀李小龍原著來判斷你的師傅並瞭解他教的截拳道嗎？他的技術實用嗎？他能否展示截拳道的科學原理？

哲學理念

你的師傅是否知道李小龍的基本哲學理念？你的師傅能不能清楚、完整地闡述這些理念？你的師傅能不能把這些哲學理念和截拳道核心技術直接掛鈎？

體能

你的師傅是否擁有與他水準相對應的體能？你的師傅可以準確、到位地向你演示動作要領嗎？如果你的師傅不能做到這些（因為年齡大了或者身材發福了），那你的師傅有沒有助手能做到這些事情呢（編譯者注：最初學習截

拳道的第一代弟子現在都已經年歲很大了，但是他們的知識和教學能力並沒有隨著歲月減弱，只要有合適的助手，他們依舊可以很清楚地傳授技術）？

　　下面是結構性素質，這些素質將直接關係到你選擇的師傅的道館，其中還包括道館的組織架構，認證過程等等。

▲結構性素質

教學內容

　　你的師傅有一整套教學方法嗎？課程是循序漸進式的嗎？你的師傅會在教你下一級別內容之前先確定你已經完全掌握當下級別的學習內容嗎？你的師傅會直接引用李小龍的教學內容嗎？

　　非常重要的一點是，你必須學到運用足夠的哲學理念並將之融入截拳道的技能當中（編譯者注：實際上原文中是指一個階段到另一個階段，事實上在李小龍時代，包括第一代弟子都有類似級別段位的等級劃分）。

證書認證

　　你的師傅為你設置的各個級別（編譯者注：我們認為應該在李小龍原始八級體系基礎上再細化為弟子級和師傅級，類似跆拳道或空手道的級別和段位，我們在2009年私自簽發的證書已是如此劃分）的學習，完成這些級別需要多長時間？成為一位「認證師傅」到底需要多長時間？當然，這個主要還是靠各個師傅來決定。但是，你不應該也不可能經由一個週末的學習，一週的學習，一個月的學

習，甚至一年的學習就拿到「具備教學資格的認證」。如果你的師傅在乎他所傳承下去的東西，那麼他會確定你是否已經紮實掌握了需要學習的內容，以及是否可以在格鬥中達到平常心的境界。這樣你所掌握的技術將會像武器一樣被你隨心所欲地使用。學習截拳道過程中的入級、晉級，以及獲得教練證書不應該與你在學習過程中花的金錢和時間直接相關。證書的獲得應該建立在你技術的熟練程度、自信心等綜合能力的基礎上（編譯者注：判斷一張證書的真偽不是很難的事情，比如你的證書來源他，他的證書來源於李小龍，這就對了，只要證書的源頭是李小龍師祖就沒有問題，如果你們最上面的那個人沒有從李小龍師祖那裏拿到證書，或者你們沒有從李小龍頒證的弟子中拿到證書，其實你們都是有問題的，當然證書不能代表一切，這個必須說明）。

個人關注

李小龍認為教學時班級的人數不應該太多（這就是為什麼講習會、特訓營沒有好的學習環境的原因之一），因為在教學過程中（包括私人授課形式）師傅應該給每一個學生個人關注，這樣才能使學生獲得真正的進步。你的師傅在上課過程中會對你的學習情況給你回饋嗎？你的師傅會不時地額外找時間對你進行一對一的類似入室弟子般的單獨輔導嗎？

透明度

你的師傅對他師承何人以及他的學習、訓練情況公開透明嗎？你的師傅對截拳道的理解是按李小龍的方向前進

還是按他自己的思路發展？你的師傅會介意你詢問他的背景和他的教學內容嗎？在你的道館裏你能否感覺到信賴、良好的溝通、公平、尊重呢？

倫理道德

你的師傅是否會詆毀其他師傅或隨意否定其他師傅的教學內容？不管是在何種場合以何種方式，可以是在上課期間，也可以是在書面的材料上，或在網路上。對於截拳道界，你的師傅更多地是持有一種排他的態度還是包容的美德？你的師傅是否對其他的截拳道師傅抱有不良的印象，並讓自己的學生對其他師傅做負面的宣傳？李小龍基金會相信這些負面的行為只會讓我們這個大家庭分崩離析，給所有參與者造成一種負面的影響。

最後一部分是個人品質，這關心到師傅自身的態度和個體表現。

▲個人品質

代表李小龍精神

準確地闡釋李小龍精神和截拳道本質是非常困難的，這其中包含了身體、意志、哲學、精神等方面。當我們試圖去理解我們所說的李小龍精神時，讓我們思考以下幾個問題：你的師傅是否有教學的熱情？他本人是否有一種學無止境的熱情？你的師傅平時練習他教你的內容嗎？也就是說，你的師傅是僅僅把李小龍的理論背一遍給你聽，還是他自己也在實踐這些理論？你的師傅有沒有展現出他對武術的熱愛以及由此迸發出的激情？這些問題以及我們在

本章節中將要提到的一些其他品質將幫助你分析你的師傅
有沒有展現出李小龍精神。

謙虛

你的師傅平日展現出的是一定程度上的謙虛還是驕傲
自大呢？當然需要區分自信和自大是兩碼事。你的師傅對
他自己和他自己的訓練方法會自鳴得意嗎？他對其他的師
傅和其他師傅的訓練方法會不屑一顧嗎？

適應性

你的師傅是頑固得像塊石頭，還是通變得像根竹子？
你的師傅能否根據各個學生的需求和長處進行教學？你的
師傅能否對他的教學內容進行解構、測試、反思？你的師
傅有開放性的思維嗎？

忠誠、求真、務實

你的師傅的觀念、態度會根據武術界的新潮流而隨之
改變嗎？你的師傅對前輩給予足夠的尊重嗎？當你的師傅
回答不出你的問題時他會誠實地說，我不知道嗎？你的師
傅會發自內心地幫助你提高嗎？

態度

你的師傅有一個端正的態度嗎？你的師傅在上課時和
平時面對學生時抱有一個積極的態度嗎？你的師傅會樂觀
地鼓勵你去挑戰自己做到最好嗎？

學習狀態的持續性

你的師傅還在繼續學習嗎？你的師傅還想在功夫上有
更深的鑽研嗎？你的師傅是否持之以恆，並保持一種簡單
的狀態嗎？

溝通能力

你的師傅能清楚地表達自己嗎？你能聽懂你的師傅的教學內容和他對你的要求嗎？你的師傅上課時的講解示範你能理解嗎？

▲截拳道 VS 綜合格鬥

在這裏，李小龍基金會想拿出一點時間來解釋一下截拳道和綜合格鬥是不是一回事。我們認為這是非常重要的，因為截拳道總是被人們理解為是一種把多種武術融合在一起的武術，跟綜合格鬥屬於同一種東西（編譯者注：其實今天的綜合格鬥也是一個有機的整體，而非單純的技術混合或簡單的技術融合）。李小龍基金會的信條是：截拳道不是綜合格鬥！而且我們相信截拳道不是綜合格鬥，但李小龍是綜合格鬥誕生的催化劑。李小龍曾經多次被描述為綜合格鬥之父，我們支持這種觀點。李小龍曾經致力於將某些單一技能的傳統武術流派發展成一種全面性的格鬥技術，他在 35 年前推動的這項改革運動幫助了綜合格鬥的誕生（編譯者注：李小龍的武學經歷也有由簡入繁直至由繁入簡的圓周式循環質變發展，中期確有類綜合格鬥的階段出現，有興趣的讀者可以參閱筆者的《什麼是截拳道》一文，或關注新浪微博「張安邦」進行探討）。

那麼，為什麼截拳道不是綜合格鬥呢？就好像當人們談論綜合格鬥選手時，人們會談論他們使用的武術是踢拳、合氣道、泰拳等等。所以對我們來說，截拳道就是一門武術。因此，一個綜合格鬥選手也會在比賽中使用截拳

道（編譯者注：其實今天綜合格鬥的任何一項技術都是綜合格鬥的技術，雖有來源，但已不是從屬關係，綜合格鬥早就是一個自成體系的有機整體）。

另外，儘管截拳道總是被描述為是由多種武術融合而成的，但這並不是真的。有這樣的疑惑是因為當時李小龍本人也是一位武術的學習者。他當時在學習各種類型的武術，在他的書房裏有關於各類武術的書籍，他非常欣賞每一種武術的獨到之處。但是截拳道並不是從世界上26種不同武術中抽取其精華融合到一起的，實際上截拳道只是從非常有限的幾種武術中發展而來的（編譯者注：我曾經就「26種不同武術」問過巴斯蒂羅師父，師父說，26只是代表李小龍研究的武術流派眾多，而不是一個確切數字）。截拳道有的只是簡單有效的動作，我們都知道對截拳道有直接影響的是拳擊、擊劍和詠春拳。但截拳道卻又不可能被稱為拳擊、擊劍或是詠春拳。就像當我們把雞蛋、水和麵粉倒進碗裏做一個蛋糕時，我們不能同時管這個東西叫義大利麵一樣。截拳道有自己的核心技術和哲學理念，這不同於其他任何一種武術。

還有一些疑惑的產生是由於哲學的普適性——可以適用於不同類型的武術，也可以適用平時的生活中。有些人認為截拳道就是一種哲學思想，只要你運用得合乎其理，不管你是在練跆拳道還是在玩釣魚，都可以幫助你更好地完成任何你所從事的事情，但這種想法並不符合李小龍所建立和檢驗過的截拳道核心品質。

我們也相信如果李小龍依然在世，看到今天武術界的

種種變化，如 UFC 的興起（編譯者注：UFC 是一個綜合格鬥賽事品牌），他也會對截拳道做出相對應於這個時代的改變。我們相信截拳道是可以做一些改變的，但是必須建立在合理評估的基礎上。

　　李小龍是他所在領域的大師，他才華橫溢卻又無情地離開了我們。他對武術和教學有著極大的熱情，他絕對是在他最不應該離開我們的時候離開了我們，我想恐怕我們會對所有離世的人都這麼說吧。如果他還在世的話，他很有可能會對截拳道做出某些改變。太多次有人在對截拳道和截拳道的創始人不瞭解的情況下想對截拳道做出改變的嘗試。這種行為已經導致了大家喋喋不休的爭吵，總是有人認為他們完全知道李小龍想要的是什麼，認為自己知道如果李小龍在世將如何發展截拳道。李小龍基金會完全不接受這樣的態度，這也是我們對李小龍創立的截拳道保存下歷史模型的原因，後人可以在這個基礎上發展他們自己的截拳道。但是，還是經常有人已經偏離了李小龍制訂的方向，卻依舊聲稱自己練習的是「李小龍截拳道」。

　　確實，李小龍同意大家對他的截拳道做出改進，但改進還是要在李小龍當初設定的大框架內。認為自己瞭解什麼是李小龍最想要的行為是絕對的狂妄自大，我們可以對截拳道進行創新，並對這些創新冠以自己的名字，請保持「李小龍截拳道」的純潔性和始終如一。

　　最後提請大家關注：李小龍基金會近期將推出手冊，幫助大家更好地瞭解截拳道和選擇截拳道師傅──以截拳道的精神為名！

　　編譯者注：最早我們翻譯截拳道文章是 2010 年前後。當時成立了一個不固定人員的「南京截拳道編譯小組」，其中參與翻譯工作的姬金兆在山東臨沂開館授徒，張濤在江蘇高郵開館授徒，李龍在安徽五河開館授徒，他們都是我在南京不同時期的弟子，下面我附上這篇文章來源的官網，官網有英文原文，有興趣的讀者可搜來學習、研究。

　　李小龍基金會（The Bruce Lee Foundation）官網網址：http://www.bruceleefoundation.com

　　附圖一：木村武之、伊魯山度、巴斯蒂羅一起拜祭師父李小龍。

　　附圖二：2014 年 6 月，巴斯蒂羅為我頒發了國內第一張帶有李小龍印章的截拳道教練認證書。

附圖一

附圖二

　　附圖三：我自己書房裏擺滿了各類李小龍相關書籍，這些收藏學習意義不大，但是文獻價值頗多，為我提供了很多寫作的參考。

　　附圖四：我的弟子畢春陽在德國波恩大學開設原本截拳道課程。

附圖三

附圖四

附錄二
李小龍打拳擊會成為拳王嗎
——聽聽「龍弟子」的訪談

原文：《黑帶》雜誌
編譯：張安邦　宗　凱　孫旌杰　李　龍

　　李小龍師祖（編譯者注：師祖一詞是編譯者後加的）從來不是一個職業的拳擊運動員，儘管他整個中學階段，包括高中都在練習，並且在他成年之後也一直熱衷於拳擊運動。他的截拳道在不同程度上受到他學習的各種格鬥體系的影響，拳擊也不例外，他對於拳擊的熱衷引出了一個很多人好奇的問題：假如李小龍師祖是一名拳擊運動員，他有何上佳表現？

　　作為一名家喻戶曉且技藝高超的武術家，李小龍師祖在他第二部功夫影片《精武門》中展現了他超前的技術與變革性的格鬥方式。但是現在有一小部分聲音說，李小龍師祖並不是一個有特殊技能的格鬥家，他可以在電影上編排出來一套動作，但是當遇到真實格鬥的時候，他只能坐以待斃。為了駁斥上述觀點，李小龍師祖作為一名拳擊手到底實力如何，答案就顯得至關重要。

　　李小龍師祖仔細觀看著名拳擊手的影片，同時用他自己的方法將影片中的技術整合起來。他最喜歡的拳擊手是

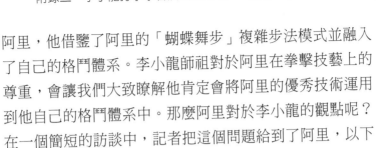

阿里，他借鑒了阿里的「蝴蝶舞步」複雜步法模式並融入了自己的格鬥體系。李小龍師祖對於阿里在拳擊技藝上的尊重，會讓我們大致瞭解他肯定會將阿里的優秀技術運用到他自己的格鬥體系中。那麼阿里對於李小龍的觀點呢？在一個簡短的訪談中，記者把這個問題給到了阿里，以下是阿里的回答：

「我知道李小龍看了我的一些比賽影片。你知道，我不認為他會在現實生活中使用太多的拳擊技術。我是在一個空手道影片中見到的他，但是我知道空手道只是表演，空手道很花哨，並且是一個很吸引觀眾的表演，如果我是一個空手道選手，我也會想要像影片中的空手道選手一樣，同時對付 25 個傢伙，並將他們擊倒在地。所有的這些表演會使你想要格鬥，但是他在現實生活中是不會這樣做的。觀看一場真實的空手道格鬥不同於你在電影中看到的表演，影片中那些傢伙跳來跳去並做出一些超人般的特技。那些都只是電影，不是真實世界（編譯者注：阿里拳王口中的空手道應該是泛指一些手腳並用，區別於拳擊的武術，當時很多西方人對亞洲武術的認識僅僅停留在空手道）。」

李小龍師祖的傳奇早已在武術界流傳，空手道冠軍喬・路易斯很久之前就認識李小龍師祖，對於李小龍師祖，他有一個比較成熟的觀點。

路易斯說：「我和李小龍一開始就成了朋友，同時我們倆有一些不同點。不久，我們將不同點拋開並繼續我們的友誼。所有人都知道他是一個偉大的理論家，並且他的

理論真的非常棒。但是，有一個事實是李小龍從未參加過任何比賽，所以我並不能準確地知道他能做到什麼程度。」

「我認為，由於他的速度，他會成為一名不錯的格鬥家，他在羽量級與羽量級上應該可以排在 1-2 名。但是由於公眾的興趣都集中在重量級比賽上，他也會因此無法成名。」

由於李小龍師祖再也無法站在這裏展示他的技藝，我們現在最大程度上能做到的，就是將認識他並且和他一起工作過的人作為一個案例進行研究。丹・伊魯山度與理查・巴斯蒂羅是李小龍師祖生前的兩位弟子兼訓練同伴，並且先後取得李小龍師祖的親筆認證。

伊魯山度與巴斯蒂羅在 1966 年李小龍師祖拍攝《青蜂俠》期間彼此相識。當三人成為朋友後，李小龍師祖開始指導他們學習截拳道。在李小龍的教導下，他們也很快成為一名教練員。他們兩人都非常崇敬李小龍師祖的格鬥技術，接下來，我們讓他們自己來講述。

伊魯山度：我們（編譯者注：在「李小龍基金會」出版的《李小龍：肢體表達藝術》一書就有公佈李小龍師祖的訓練日記，其中記載了 1968 年 1 月 10 日週三晚上 7：30，三戶上原、巴斯蒂羅、黃錦銘、赫伯・傑克遜前往李小龍師祖家中後院，接受私人指導）通常在週三去他家，並且一直待在那裏。大概就是在那個時候，師父李小龍開始收集拳擊影片，他在這方面影片的收集是美國國內最多的。

巴斯蒂羅：分析研究這些影片，我們通常只能堅持 1-2 個小時，但是我的師父可以坐下連續研究 8-10 個小

時，並且和剛開始研究一樣，繼續保持著濃厚的興趣。他一遍又一遍地播放這些影片，並且可以模仿他看到的任何一名拳手。例如，拳王阿里的刺拳，舒格・雷・倫納德的閃身與搖避，喬・路易士的六英寸拳擊，Kid Gavilan（編譯者注：一名古巴拳擊手）的旋轉勾拳（也有人稱為鐮刀拳，軌跡類似鐮刀般弧度），以及其他人的拳法，都逃不過李小龍那久經訓練的雙眼。

　　伊魯山度：阿里可能是我師父李小龍最欣賞的拳擊家。因為李小龍師父博採眾長，他喜歡阿里的飄若黃蜂的步法，並敬佩阿里的邊線攻防的技戰術。他喜歡瑪律恰諾的短擊。他還曾經研究學習過喬・路易士所有的擊倒對手的拳法。

　　巴斯蒂羅：拳擊、西洋劍、摔跤，這些師父都研究學習過。每一個流派都有師父想要驗證的核心精髓的東西。這些精髓集合在一些，就成了師父自己的格鬥技藝。

　　伊魯山度：任何人如果像師父那樣去研究真理，會注意看到方方面面，直至全部。

　　巴斯蒂羅：師父李小龍的研究越來越深入，並且因此變得更加科學。對於每一件事，他總是自問：怎麼做到？為什麼？如果他在拳擊影片中看到一個左前手拳，他就會背對螢幕從鏡子中觀看，從而展示出相應的右前手拳在什麼時機用什麼方式打出。

　　伊魯山度：他總是問這樣一個問題，「為什麼要如此做？」這個問題將他引向了更多問題，並得到了更多的解答。90% 的武術訓練者不會問為什麼。如果他們湊巧跟

他們的鄰居學習，就會認為他們所看到的都是真理。但是這只是真理的一部分，並不是真理的全部。

人們從來不去質疑他們的師父或師祖，他們總是按照傳統的要求去做，這種行為就是所謂的傳統學習法。師父李小龍總是在質疑，他沒有將西洋拳擊全部吸收利用，他認為西洋拳擊裏也包含著很多規則限制。不過師父李小龍也認為，在所有拳法範疇的流派中，西洋拳更加完善與全面，比如相較於空手道的拳法。這並不是說空手道一無是處，師父李小龍在空手道中也看到了許多優秀的東西，他總是能集各派之長，為他創新一門全面且完善的武道提供素材。

事實上，在遇到李小龍之前，我並不認為拳擊是一項多厲害的武道，我以前學過一些拳擊，但是我的確不喜歡這種風格。師父李小龍在香港的時候是中學拳擊比賽冠軍。在全部 15 所學校中，他拿到了第一，因此他比我更熟悉拳擊。

巴斯蒂羅：現在很多人對於拳擊不再有任何尊重，這是由於現在的拳手大多是魯莽型的。他們缺乏科學的移動，聰明的擊打以及進攻的戰術。現在的人，誰的速度快、力量大，誰就能贏得比賽。阿里大概是現存的那種極少數講究科學的拳擊手。

伊魯山度：很多人沒有意識到，師父李小龍一直在深入鑽研科學的拳擊技術。他在學校中也一直在教授拳擊技術。雖然他對於拳擊抱有濃厚的興趣，然而他的確是沒有參加過正式的拳擊比賽。不過他的確在觀察研究所有他在

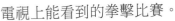

電視上能看到的拳擊比賽。

　　他關於訓練的理論來自自我研究，他會和所有的他能找到的人來一場拳賽，他所有的技術都來自自我研究，並稱之為「發現你無知的根源」。他會和所有來拜訪他的人來一場拳賽，不管是否戴拳套。

　　巴斯蒂羅：師父李小龍可能去過這附近所有的拳館，但就像我說過的，他更喜歡科學的拳擊。拳館中的大部分人都是沒有受過教育的，他們不清楚在訓練中要注意些什麼。師父李小龍對於成為世界頂級冠軍感興趣，並有奉獻精神，具備真正的意願與能力。

　　伊魯山度：人們會問，「既然李小龍對於拳擊有這麼大的興趣，那麼為什麼他不選擇成為一名職業拳擊手？」拳擊並不是全部，就像空手道與摔跤並不是全部。對於李小龍來說，讓他去參加職業拳擊比賽就像是讓一個國際象棋選手去參加一場跳棋比賽。這完全是不同的領域，拳擊並不是他的遊戲。儘管他也是一名優秀的拳手，他也從拳擊中汲取了很多經驗，但是拳擊這項運動仍然是有許多的問題。拳擊手帶上拳套後有太多重擊，李小龍認為這過於魯莽，同時他也認為空手道比賽對選手的保護有些過度。

　　巴斯蒂羅：這就是為什麼他創立了截拳道。他將各個流派整合在一起。師父李小龍生前總是跟我說，格鬥的首要任務是控制距離。你在長距離上使用腳部攻擊，然後縮短距離就進入手部攻擊距離。這個時候就進入了拳擊範疇，拳擊中所有使用的技術對截拳道都有益處，手部、胳膊、肘部經常在功夫中被使用。雙方突破手部攻擊距離進

入貼身距離時，摔跤與柔道就體現出來威力了。

伊魯山度：有一點很重要。訓練一名拳擊手的踢擊技術或者防守踢擊技術，相對於訓練一名空手道選手的拳擊技術是更容易的。經過六個月的訓練，一名拳擊手就能像很多受過訓練的空手道選手一樣棒了。

職業摔跤手處於一個大環境下。職業摔跤比賽是一場秀，但是不要低估這些職業摔跤手的技術。在目前這樣的大環境下，他們被要求按照這樣表演一場秀。但這些東西並不是虛假的，都是真實的。我會把錢壓在一名職業摔跤手而不是一個受過訓練的空手道選手身上。空手道有太多的缺點了。師父李小龍認為在練習空手道的人中，有很多有天賦的人，但是他們沒有意識到在實際格鬥中會遇見的各種狀況。

巴斯蒂羅：這就是師父李小龍武術中獨具匠心之處。他總是想瞭解更多的格鬥流派，從而將各種元素整合進他的格鬥風格之中。我認為他就像是海鷗喬納森，他總是想在武術的研究中更精進一步。師父李小龍提升自己的兩項工具就是訓練與閱讀，他的房間中總是堆滿了各種各樣關於武術的書籍。

伊魯山度：讓我們回到剛開始的那個問題，我認為師父李小龍如果參加職業拳擊比賽，他毫無疑問地可以在羽量級與次羽量級比賽中排名前三。在他剛來到洛杉磯的時候，他體重 150 磅（1 磅 ≈ 0.907 斤）。當他返回香港的時候，他體重降到了 126 磅，在這個體重下他仍然可以打出令人難以置信的力量。師父李小龍首先是一名武術家，

他自己的訓練實踐證明了他的格鬥體系完整且科學。那就是相對於前人與傳統流派，要使用更加科學的訓練方法。截拳道比較難以定義，這是因為它不僅僅是拳擊。我們使用腳、手及擒拿。師父李小龍說過：「萬物皆有其美，但非人人可見。我們為什麼不給所有武術流派一個統一的名字，並稱之為格鬥呢？人類給所有的東西透過起不同名字的方式加以彼此區分本身就是一個錯誤的行為。截拳道也不過是一個名字而已，如果因為名稱而固定形式，就讓它永遠消失吧。」

附圖一：巴斯蒂羅、李愷這些由拳擊手出身，帶藝投師的龍弟子，在進行速度球的練習。

附圖二：在授業師兄伊魯山度指導下，巴斯蒂羅與李愷進行「類拳擊」的練習，圖中還有一位重要的「龍弟子」傑瑞‧泡提特，他生前也是李小龍基金會比較重要的師傅。

附圖三：巴斯蒂羅與師兄弟利用拳擊訓練器械中的梨球，來提升自己的拳法水準。

附圖四至七：這些圖片是本文原文的出處，2017年11月出版的《黑帶》雜誌。

附圖一

附圖二

附圖三

附圖四

附圖五

附圖六

附圖七

後　記

　　這本書終於要和讀者朋友見面了。

　　我有從兒童時代就自行研修截拳道的經歷，但是真正開始邁入截拳道之道，是在我開辦截拳道館之後。身遇多位良師後，我又有幸追隨巴斯蒂羅師父，雖然師祖與師父均已遠去，但是留給我與弟子的路還很漫長。

　　截拳道講求頓悟，一旦邁入截拳道之道，便猶如上了高速公路。

　　在這之前，我一直在醞釀寫一本關於截拳道體悟的書，現在看，書稿中很多觀點，包括技術要領都要被推翻了。雖然堅持了長年的寫作，但是很多內容要重頭再寫。本來指望 2009 年底能出初稿，2010 年初把示範圖片拍出來，這一推可能就遙遙無期了。我今天和昨天的想法不一樣，明年和今年的技術理解也不同。

　　其實真正促使我開始寫作，並著手出版事宜是因為我被查出患了重疾的時候，這對一個練武人來說無異於「死刑」。我需要其他的途徑繼續我的「功夫之道」，也許筆可以代替嘴，圖片可以代替示範，我一樣能為自己熱愛的功夫貢獻餘生！

　　在「昨是而今非」的困惑之下，我請教了安在峰老師。安師傅一席話語驚醒夢中人：「一個時期的認識可寫

一個時期的，這樣以後才能看出你的成長過程，才能留下成長的印跡，並非達到了頂點才能寫東西，何況又沒有頂點，所以只要有心得就可寫，初步的心得可寫初步的，深層的可寫深層的，教材並非都是博士的教程，仍然有小學一年級的課本。」

截拳道給予我的實在太多，今天我敢說我是全世界手把手教過弟子最多的截拳道者。今天我堅持教學的所在城市——南京，是全世界練習截拳道者最多的城市。我專門在我的 48358676 的 QQ 空間做了一個相冊，大家有興趣可以看看我是否說謊。

最後說幾句感謝的話語。

感謝我的父親張恒倫，感謝我早逝的母親孫敬華女士，你們從來沒有抹殺我少年時期的「務虛」研修。感謝我的妹妹張曉明，我「騙」過妳的零用錢買跟李小龍相關的物品。

感謝我的太太孔麗女士，一個典型的極具包容性和學習力的中國婦女。還有我們的女兒張可一，你們都是我的一生摯愛，沒有你們就沒有現在「務實」的我。

在此，我想對我的寶貝女兒說幾句話，即使你聽不懂，我也會重複講給你，學習功夫獲得的「超能力」，不是用來冷漠地打敗對手。爸爸是要你運用勇敢、積極、樂觀、自信的功夫精神去爭取妳在人類社會中屬於自己的一席之地。妳要運用功夫精神獲得和諧生活，我不給妳太多壓力，妳是自由的，是屬於妳自己的。但是今天的爸爸還不是完全自由的，我希望妳長大了能夠理解今天的爸爸。

　　周星馳在《射雕英雄傳》中的宋兵甲的起點不會高過本書中配合我示範的各位弟子們，你們都有機會成長為截拳道導師。感謝大家，你們給我了全部，我運用師祖與師父給我的知識獲得聲譽，你們幫我實現價值，願我們心中的「國術大同」時代早日到來！

國家圖書館出版品預行編目資料

李小龍功夫哲學與藝術／張安邦　張可一　著 ──初版
──臺北市，大展出版社有限公司，2022〔民111.05〕
　　面；21公分──（武術武道技術；13）
　　ISBN 978－986－346－365－8（平裝）
　　1.CST：武術　2.CST：中國
　　528.97　　　　　　　　　　　　　　　　　111003239

李小龍功夫哲學與藝術

著　　者／張　安　邦　張　可　一
責任編輯／徐　俊　杰
發 行 人／蔡　森　明
出 版 者／大展出版社有限公司
社　　址／台北市北投區（石牌）致遠一路2段12巷1號
電　　話／（02）28236031 · 28236033 · 28233123
傳　　真／（02）28272069
郵政劃撥／01669551
網　　址／www.dah-jaan.com.tw
E-mail／service@dah-jaan.com.tw
登 記 證／局版臺業字第2171號
承 印 者／傳興印刷有限公司
裝　　訂／佳昇興業有限公司
排 版 者／弘益企業行
授 權 者／山西科學技術出版社
初版1刷／2022年（民111）5月

定　價／330元

大展好書　好書大展
品嘗好書　冠群可期

大展好書　好書大展
品嘗好書　冠群可期